A1

2e ÉDITION

LE DELF

100% RÉUSSITE

JUNIOR ET SCOLAIRE

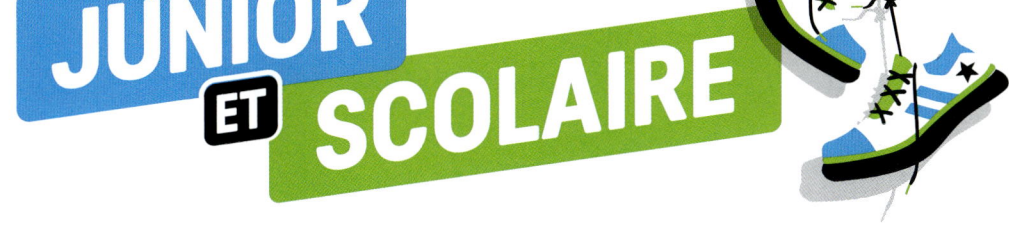

Romain Chrétien

Responsable communication
Département évaluation et certifications,
France Éducation international

didier
Français Langue Étrangère

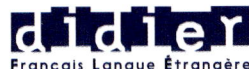

Conception maquette intérieure et couverture : Primo & Primo
Mise en page : Franck Delormeau
Adaptation 2ᵉ édition : Isabelle Aubourg
Iconographie : Hatier illustration
Illustrations : Lupé Granité, Céline Penot
Édition : Karin Albert
Cheffe de Studio : Christelle Daubignard
Enregistrements : Quali'sons

« Le photocopillage, c'est l'usage abusif et collectif de la photocopie sans autorisation des auteurs et des éditeurs. Largement répandu dans les établissements d'enseignement, le photocopillage menace l'avenir du livre, car il met en danger son équilibre économique. Il prive les auteurs d'une juste rémunération. En dehors de l'usage privé du copiste, toute reproduction totale ou partielle de cet ouvrage est interdite. »
« La loi du 11 mars 1957 n'autorisant, aux termes des alinéas 2 et 3 de l'article 41, d'une part, que les copies ou reproductions strictement réservées à l'usage privé du copiste et non destinées à une utilisation collective » et, d'autre part, que les analyses et courtes citations dans un but d'exemple et d'illustrations, « toute représentation ou reproduction intégrale, ou partielle, faite sans le consentement de l'auteur ou de ses ayants droits ou ayants cause, est illicite. » (alinéa 1er de l'article 40) – « Cette représentation ou reproduction par quelque procédé que ce soit, constituerait donc une contrefaçon sanctionnée par les articles 425 et suivants du Code pénal. »

© Didier FLE, une marque des éditions Hatier, Paris 2022
ISBN : 978-2-278-10434-5 - Dépôt légal : 10434/04
Achevé d'imprimer en Espagne par Macrolibros (Valladolid) en juin 2025.

AVANT-PROPOS

▬ Qu'est-ce que le DELF ?

Le DELF, diplôme d'études en langue française, est une certification officielle en français langue étrangère du ministère français de l'Éducation nationale. C'est un diplôme internationalement reconnu qui permet de valider votre niveau de français auprès d'universités ou d'écoles, d'employeurs ou d'administrations dans le monde.
Ce diplôme est valable sans limitation de durée.

▬ Quels sont les niveaux du DELF ?

Le DELF est constitué des diplômes suivants : Prim, junior / scolaire et tout public.
Ils correspondent aux niveaux du *Cadre européen commun de référence pour les langues* (CECRL) : DELF A1.1 (DELF Prim), DELF A1, DELF A2, DELF B1 et DELF B2.
Chaque diplôme évalue les quatre compétences : compréhension et production orales, compréhension et productions écrites. L'obtention de la moyenne (50 points sur 100) à l'ensemble des épreuves permet la délivrance du diplôme correspondant.

▬ Où passer le DELF ?

Vous pouvez passer le DELF dans 175 pays. Vous devez vous inscrire dans un des 1 200 centres d'examen agréés par France Éducation international. Pour trouver un centre et connaître les dates des examens, consultez le site internet de France Éducation international : www.france-education-international.fr

COMMENT SE PRÉPARER ?

Ce livre peut être utilisé en autonomie ou en classe avec un(e) enseignant(e). Il est réparti en quatre compétences comme l'examen.
Nous vous proposons une démarche en quatre étapes :

▸ **Comprendre :** une double-page qui présente l'épreuve par compétence, les savoir-faire, les exercices et les documents, la consigne générale et des exemples de questions / réponses.
▸ **Se préparer :** des activités pour acquérir les savoir-faire indispensables pour réussir.
▸ **S'entraîner :** des activités proches de l'examen avec des conseils méthodologiques.
▸ **Prêt pour l'examen !** mémoriser l'essentiel : vocabulaire, grammaire, conseils, etc.

Alors, prêt(e) pour l'examen ?

SOMMAIRE

1 Compréhension de l'oral 9

COMPRENDRE 10

SE PRÉPARER 12

1. Identifier un événement 12
2. Identifier une activité 17
3. Comprendre des instructions 20
4. Identifier des situations 23
5. Identifier des objets 28

S'ENTRAÎNER 34

PRÊT POUR L'EXAMEN ! 44

Le picto PISTE 2 *vous indique le numéro de la piste à écouter en flashant la page avec l'application Didierfle.app.*
Les audios sont également téléchargeables sur http://didierfle-delfreussite.fr

2 Compréhension des écrits 47

COMPRENDRE 48

SE PRÉPARER 50

1. Suivre des instructions simples 50
2. Lire pour s'orienter dans l'espace 55
3. Lire pour s'orienter dans le temps 59
4. Lire pour s'informer 64

S'ENTRAÎNER 68

PRÊT POUR L'EXAMEN ! 82

3 Production écrite 85

COMPRENDRE 86

SE PRÉPARER 88
1. Compléter un formulaire 88
2. Rédiger un message simple 94

S'ENTRAÎNER 100

PRÊT POUR L'EXAMEN ! 104

4 Production orale 107

COMPRENDRE 108

SE PRÉPARER 110
1. Préparer l'entretien dirigé 110
2. Préparer l'échange d'informations 115
3. Préparer le dialogue simulé 118

S'ENTRAÎNER 124

PRÊT POUR L'EXAMEN ! 130

5 Épreuve blanche 133

Auto-évaluation 133
Épreuve blanche du DELF junior / scolaire 134
Grilles d'évaluation de la production (écrite et orale) 147

Transcriptions 149
Corrigés 159

S'INFORMER SUR LE DELF

_ L'examen du DELF, comment ça se passe ?

L'examen dure 1 h 20. Il y a une épreuve pour chacune des quatre compétences.
Il y a des épreuves collectives et une épreuve individuelle (production orale).

▶ Vous allez passer les 3 épreuves collectives dans l'ordre suivant :

1. La compréhension de l'oral : écouter et compléter les questionnaires

2. La compréhension des écrits : lire des documents et compléter les questionnaires

3. La production écrite : remplir un formulaire et écrire des phrases simples sur un sujet de la vie quotidienne.

▶ Vous allez passer l'épreuve individuelle, la production orale, en quatre temps :

1. Préparation : vous avez 10 minutes pour préparer les exercices 2 et 3

2. L'entretien dirigé : répondre aux questions de l'examinateur pour parler de soi

3. L'échange d'informations : tirer au sort 6 cartes pour poser des questions à l'examinateur

4. Le dialogue simulé : tirer au sort 2 sujets et participer à un jeu de rôle avec l'examinateur pour acheter ou commander des produits.

Entraînez-vous dans les conditions réelles de l'examen avec une épreuve blanche complète à la fin de l'ouvrage, à partir de la page 133.

Retrouvez aux pages 147-148 les grilles d'évaluation de la production écrite et de la production orale.

Retrouvez également une épreuve blanche interactive sur http://www.didierfle-delfreussite.fr

QU'EST-CE QUE LE NIVEAU A1 ?

Le *Cadre européen commun de référence pour les langues* définit le niveau A1 comme celui d'un utilisateur élémentaire qui :

- peut comprendre et utiliser des expressions familières et quotidiennes ainsi que des énoncés très simples qui visent à satisfaire des besoins concrets.
- peut se présenter ou présenter quelqu'un et poser à une personne des questions la concernant – par exemple, sur son lieu d'habitation, ses relations, ce qui lui appartient, etc. – et peut répondre au même type de questions.
- peut communiquer de façon simple si l'interlocuteur parle lentement et distinctement et se montre coopératif.

DELF A1
Niveau A1 du *Cadre européen commun de référence pour les langues*

Voici le détail des 4 épreuves :

Nature des épreuves	Durée	Note sur
Compréhension de l'oral Réponse à des questionnaires de compréhension portant sur plusieurs documents enregistrés très courts ayant trait à des situations de la vie quotidienne. (2 écoutes) *Durée maximale des documents : 3 minutes*	20 minutes environ	…/25
Compréhension des écrits Réponse à des questionnaires de compréhension portant sur plusieurs documents écrits ayant trait à des situations de la vie quotidienne.	30 minutes	…/25
Production écrite Épreuve en deux parties : – compléter une fiche, un formulaire ; – rédiger des phrases simples (cartes postales, messages, légendes, etc.) sur des sujets de la vie quotidienne.	30 minutes	…/25
Production orale Épreuve individuelle en trois parties : – entretien dirigé ; – échange d'informations ; – dialogue simulé.	5 à 7 minutes Préparation : 10 minutes *(ne concerne que les exercices 2 et 3)*	…/25
	NOTE TOTALE	…/100

Seuil de réussite pour obtenir le diplôme : **50/100**
Note minimale requise par épreuve : **5/25**
Durée totale des épreuves collectives : **1 heure et 20 minutes**

LES 2 JOURS D'EXAMEN

_ Jour 1 : les épreuves collectives

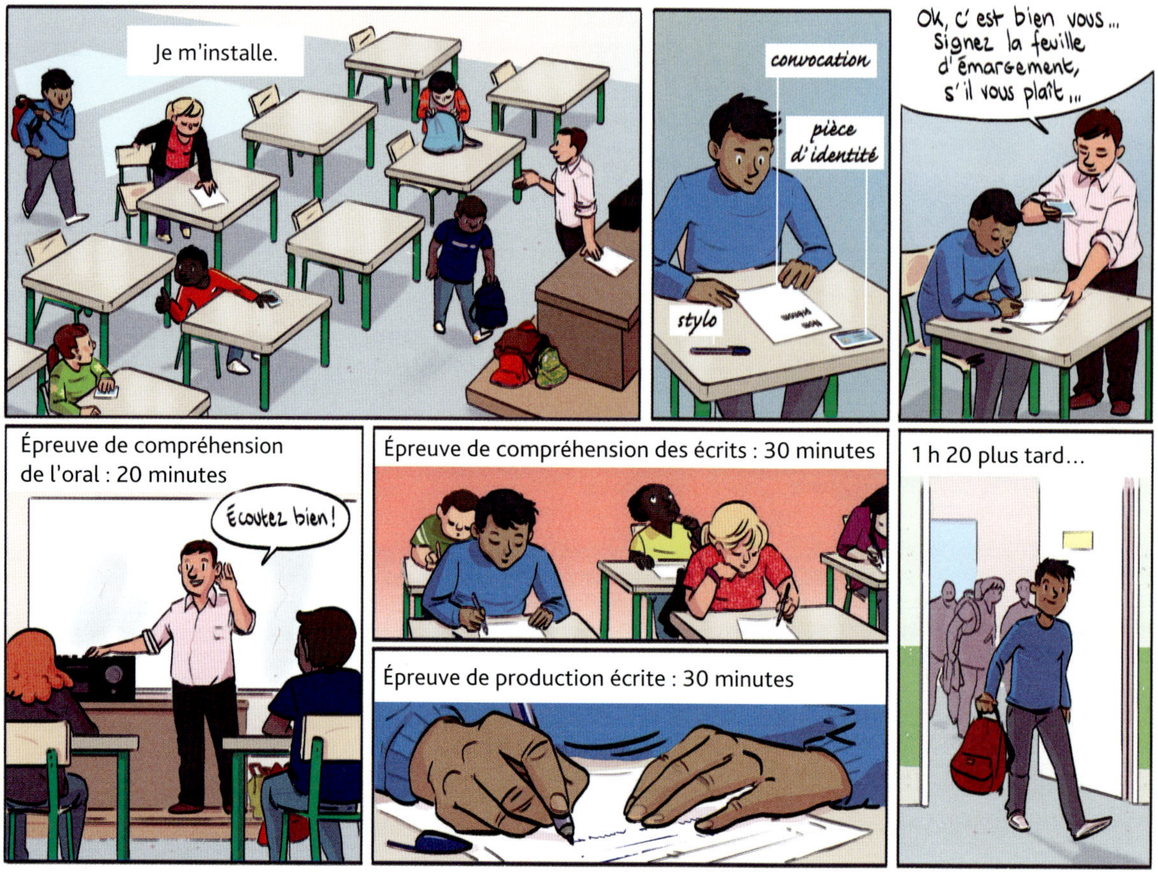

_ Jour 2 : l'épreuve individuelle

Compréhension de l'oral

COMPRENDRE

L'ÉPREUVE

La compréhension de l'oral est la première épreuve de l'examen DELF A1.

Nombre d'exercices
5 exercices pour le niveau A1

Compréhension de l'oral
Réponse à des questionnaires de compréhension portant sur plusieurs très courts documents enregistrés ayant trait à des situations de la vie quotidienne. (2 écoutes)
Durée maximale des documents : 3 minutes

20 minutes

…/25

Nombre de points

Objectifs des exercices
1. Identifier un événement
2. Identifier une activité
3. Comprendre des instructions
4. Identifier des situations
5. Identifier des objets

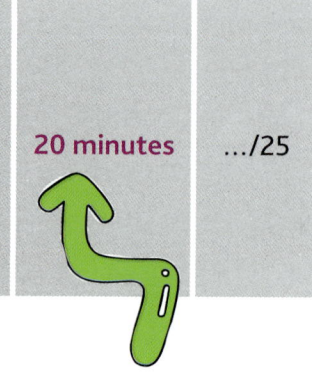

Durée de l'épreuve

LES SAVOIR-FAIRE

Il faut principalement être capable de :

Comprendre un message
▶ Exemple : Qui vous laisse ce message ?
a. ☐ Votre amie.
b. ☐ Votre sœur.
c. ☐ Votre mère.

Comprendre une instruction
▶ Exemple : Qu'est-ce que vous devez apporter ?
a. ☐ Des boissons.
b. ☐ Des assiettes.
c. ☐ Des serviettes.

Comprendre une information chiffrée
▶ Exemple : Quel âge a Mathieu ?
a. ☐ 15 ans.
b. ☐ 16 ans.
c. ☐ 17 ans.

Identifier une personne
▶ Exemple : Cathy a…
a. ☐ un chapeau.
b. ☐ des lunettes.
c. ☐ un parapluie.

Identifier un objet
▶ Exemple : OUI / NON

☐ OUI ☐ NON

Repérer une situation
▶ Exemple : Où sont Alex et Margaux ?
a. ☐ Dans un restaurant.
b. ☐ À la cantine de l'école.
c. ☐ Dans la cuisine de Margaux.

compréhension de l'oral

LES EXERCICES ET LES DOCUMENTS

	Supports possibles	Type d'exercice	Nombre de points
Exercice 1 Identifier un événement DOMAINE PERSONNEL	▶ Message sur répondeur	Un questionnaire	4 points
Exercice 2 Identifier une activité DOMAINE PUBLIC	▶ Météo à la radio, journal info à la radio, publicités à la radio, annonce publique (aéroport, gare, supermarché)	Un questionnaire	4 points
Exercice 3 Comprendre des instructions DOMAINE PERSONNEL	▶ Message sur répondeur, instructions simples	Un questionnaire	4 points
Exercice 4 Identifier des situations DOMAINE ÉDUCATIONNEL	▶ Mini-dialogues et images	Appariement (associer)	8 points
Exercice 5 Identifier des objets DOMAINE ÉDUCATIONNEL OU PERSONNEL	▶ Message oral et images	Un questionnaire OUI / NON	5 points

LA CONSIGNE

C'est quoi ?

C'est une phrase générale au début de l'épreuve. Elle explique ce qu'il faut faire pour l'ensemble des exercices.
▶ Exemple : « Pour répondre aux questions, cochez (X) la bonne réponse. »

La consigne est importante ?

Oui, elle donne la situation générale et dit quoi faire.
▶ Exemple : « Vous êtes en France. Vous entendez cette information à la radio. »

Quand lire les consignes ?

Avant l'écoute des documents.

Quand répondre aux questions ?

Après la première écoute des documents.

LES QUESTIONS ET LES RÉPONSES

Les questions sont toujours dans l'ordre du document. Elles se présentent sous les formes suivantes :

– **Les questions à choix multiples (QCM) avec 3 choix**
Il faut cocher la bonne réponse parmi les 3 choix. Il y a 1 seule réponse correcte. Les 3 choix peuvent se présenter sous la forme de phrases ou d'images.

– **Les questions à choix multiples (QCM) avec 2 choix**
Il faut cocher la bonne réponse entre « oui » et « non ». Il y a 1 seule réponse correcte.

– **Un tableau d'appariement**
Il faut associer un dialogue à une image. Il y a toujours 4 dialogues mais 6 images (2 images non utilisées).

CONSEILS

Quand lire les questions ?
■ Avant d'entendre les documents, vous avez 30 secondes pour lire les questions.

Quand répondre aux questions ?
■ Vous avez 30 secondes de pause entre les 2 écoutes de chaque document pour répondre aux questions. À la fin de chaque exercice, vous avez 30 secondes pour compléter vos réponses ou répondre aux dernières questions.

SE PRÉPARER

1 Identifier un événement

Comprendre un message sur un répondeur

Activité 1

Un message sur répondeur commence souvent par un mot d'accueil au début et se termine par un mot de prise de congé à la fin.

Écoutez les trois messages et cochez les mots entendus dans chaque message.

	Début (mots d'accueil)			Fin (mots de prise de congé)		
Message n° 1	☐ Allô	☐ Bonjour	☐ Salut	☐ À mercredi	☐ À bientôt	☐ Au revoir
Message n° 2	☐ Allô	☐ Bonjour	☐ Salut	☐ À mercredi	☐ À bientôt	☐ Au revoir
Message n° 3	☐ Allô	☐ Bonjour	☐ Salut	☐ À mercredi	☐ À bientôt	☐ Au revoir

Activité 2

Pour faciliter la compréhension d'un message, il est important d'identifier la personne qui parle. Qui vous laisse ce message ?

Écoutez les messages et cochez les bonnes réponses.

Message n° 1 :
C'est un message de :

a. ☐ votre mère.   **b.** ☐ votre sœur.   **c.** ☐ votre amie.

Message n° 2 :
C'est un message de :

a. ☐ votre père.   **b.** ☐ votre frère.   **c.** ☐ votre ami.

Message n° 3 :
C'est un message de…

a. ☐ votre père.   **b.** ☐ votre frère.   **c.** ☐ votre ami.

Activité 3

1 - Replacez dans l'ordre chacun des trois messages suivants.

Message n° 1

compréhension de l'oral

Message n° 2

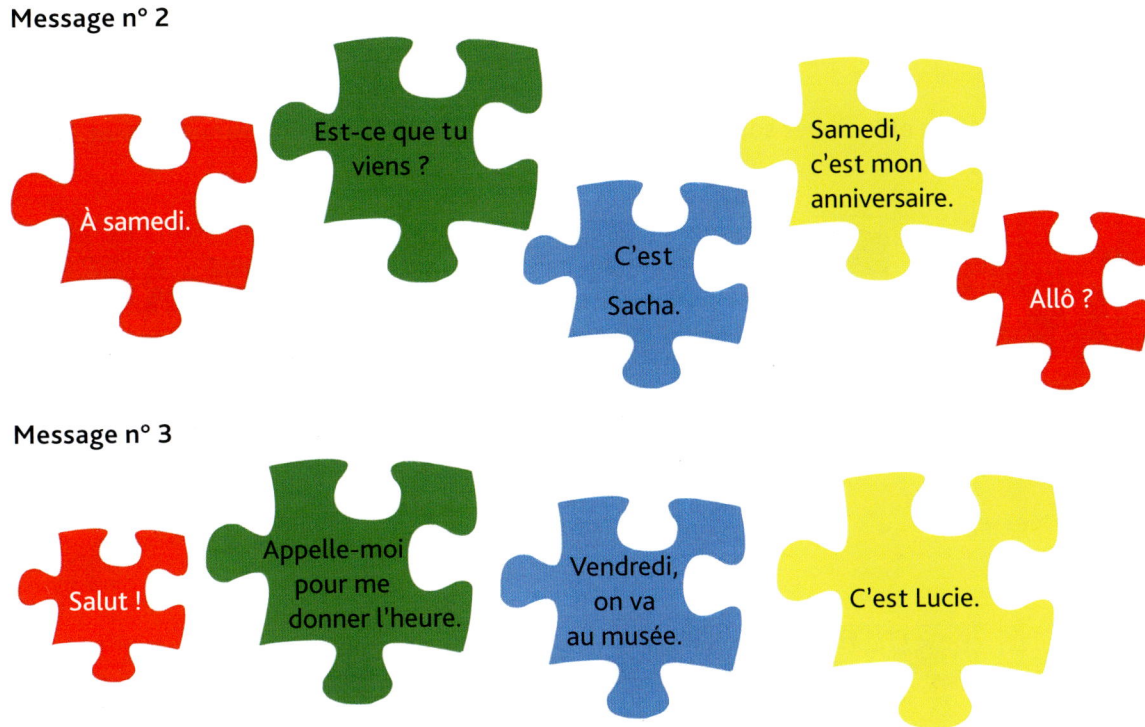

Message n° 3

2 - Écoutez maintenant les trois messages pour vérifier vos réponses.

Activité 4

Écoutez attentivement les deux messages et cochez les bonnes réponses.

	Message n° 1	Message n° 2	Aucun des deux messages
a. Quel est le message de votre mère ?	☐	☐	☐
b. Quel message vous demande d'appeler sur un téléphone portable ?	☐	☐	☐
c. Quel message indique que vous n'êtes pas chez vous ?	☐	☐	☐
d. Quel message vous demande de préparer le dîner ?	☐	☐	☐
e. Quel est le message laissé le soir sur votre répondeur ?	☐	☐	☐

SE PRÉPARER

— Comprendre des consignes simples

Activité 5
Repérez la situation et indiquez sous chaque dessin le numéro du message correspondant.

A. Message n° …

B. Message n°…

C. Message n°…

D. Message n°…

E. Message n°…

F. Message n°…

Activité 6
Écoutez les messages et répondez aux questions.

Message n° 1 : Qu'est-ce que vous devez apporter ?

a. ☐ Des boissons.

b. ☐ Des assiettes.

c. ☐ Des serviettes.

Message n° 2 : Qu'est-ce que vous devez acheter ?

a. ☐ Un jouet.

b. ☐ Un gâteau.

c. ☐ Un cadeau.

Message n° 3 : Qu'est-ce que vous devez faire ?

a. ☐ Prendre les devoirs de Sami.

b. ☐ Appeler le professeur de Sami.

c. ☐ Aller demain à l'école avec Sami.

compréhension de l'oral

Message n° 4 : Où est-ce que vous devez aller pour votre carte d'étudiant ?

a. ☐ Au bureau 110.

b. ☐ À la bibliothèque.

c. ☐ Au bureau de la secrétaire.

Activité 7

Écoutez les deux messages et reliez chaque proposition au message correspondant.

- a. L'invitation est pour jeudi.
- b. L'invitation est pour vendredi.
- c. Votre amie vous propose d'aller au musée.

Message n° 1 •
- d. Votre amie vous propose d'aller au parc.
- e. Vous devez prendre un cahier.
- f. Vous devez prendre votre vélo.

Message n° 2 •
- g. Le rendez-vous est chez votre amie.
- h. Le rendez-vous est au musée.
- i. Le rendez-vous est à 9 h.
- j. Le rendez-vous est à 11 h.

▬ Comprendre des informations chiffrées

Activité 8

1 - Lisez le nombre et cochez celui qui correspond.

a. Seize :   a. ☐ 6   b. ☐ 13   c. ☐ 16

b. Cent-huit :   a. ☐ 68   b. ☐ 108   c. ☐ 118

c. Quatre cent soixante-dix-neuf :   a. ☐ 99   b. ☐ 469   c. ☐ 479

d. Cinq cent quatre-vingts :   a. ☐ 540   b. ☐ 580   c. ☐ 590

e. Mille quatre-vingt-dix-huit :   a. ☐ 1 088 b. ☐ 1 098 c. ☐ 1 198

f. Six mille sept cent soixante-et-onze : a. ☐ 6 071 b. ☐ 6 761 c. ☐ 6 771

2 - Écoutez maintenant leur prononciation et vérifiez vos réponses.

Activité 9

Écoutez les nombres et cochez les nombres entendus.

☐ 17   ☐ 36   ☐ 60   ☐ 73   ☐ 190

☐ 93   ☐ 41   ☐ 81   ☐ 66

☐ 18   ☐ 160   ☐ 170   ☐ 96   ☐ 83

SE PRÉPARER

Activité 10

Écoutez les phrases, repérez les nombres et écrivez-les ci-dessous. Vous pouvez utiliser des chiffres.

Phrase n° 1 : ....

Phrase n° 2 : ....

Phrase n° 3 : ....

Phrase n° 4 : ....

Phrase n° 5 : ....

Activité 11

Dans les messages, repérez les nombres et les mesures. Reliez d'abord le message au nombre puis le nombre à la mesure.

Message n° 1 •	• 28 •	• m.
Message n° 2 •	• 1 •	• kg.
Message n° 3 •	• 30 •	• °C
Message n° 4 •	• 1,71 •	• l.
Message n° 5 •	• 3 •	• %.

Activité 12

Entraînez-vous à écouter des numéros de téléphone ! Écoutez les messages et notez les numéros de téléphone.

Message n° 1 : 📞 ....

Message n° 2 : 📞 ....

Message n° 3 : 📞 ....

Message n° 4 : 📞 ....

2 Identifier une activité

Comprendre un flash info

Activité 13
Écoutez les messages et cochez les bonnes réponses.

Message n° 1 : Quel est le thème du flash info ?

a. ☐ Le CD de Katy Perry.

b. ☐ Le film de Halle Berry.

c. ☐ Le concert de Katy Perry.

Message n° 2 : De quoi parle le flash info ?

a. ☐ D'une nouvelle plage.

b. ☐ D'un parc avec des fleurs.

c. ☐ Des fleurs de la ville de La Rochelle.

Message n° 3 : Quel est le thème du flash info ?

a. ☐ Un musée d'histoire.

b. ☐ Un nouveau centre commercial.

c. ☐ Les boutiques dans le centre de Saint-Tropez.

Activité 14
Vous écoutez un flash info à la radio. Répondez aux questions.

1 - Quel est le thème du flash info ?
a. ☐ La visite de la ville.　　b. ☐ La visite des écoles.　　c. ☐ La vie dans les écoles.

2 - Jusqu'à quand est-ce que vous pouvez découvrir les écoles ?
a. ☐ Demain.　　b. ☐ Jeudi.　　c. ☐ La semaine prochaine.

3 - Qui répond à vos questions ?
a. ☐ Les élèves.　　b. ☐ Les professeurs.　　c. ☐ Les parents d'élèves.

4 - Qu'est-ce que vous pouvez visiter la semaine prochaine ?
a. ☐ Les musées.　　b. ☐ Les universités.　　c. ☐ Les bibliothèques.

Activité 15
Écoutez les trois messages et reliez chacun à la proposition qui convient.

Message n° 1　•　　　• a. Information

Message n° 2　•　　　• b. Invitation

Message n° 3　•　　　• c. Recommandation

SE PRÉPARER

— Comprendre une annonce

Activité 16
Vous êtes dans un centre commercial et vous écoutez cette annonce.
Reliez l'image à la proposition correspondante.

a.

b.

c.

• 30 % de réduction

• 50 % de réduction

• Pas de réduction

Activité 17
Vous êtes à la gare. Vous écoutez une annonce. Cochez les bonnes réponses pour compléter l'annonce.

> Mesdames, Messieurs. Le train à destination de **(1.)** ☐ Lens ☐ Lille ☐ Lyon
> partira à **(2.)** ☐ 8 h 16 ☐ 10 h 06 ☐ 10 h 26 en voie D.
> Le train à destination de **(3.)** ☐ Lens ☐ Lille ☐ Lyon
> partira à **(4.)** ☐ 11 h 13 ☐ 11 h 16 ☐ 11 h 31 en voie **(5.)** ☐ A. ☐ E. ☐ U.

Activité 18
Vous voulez envoyer une lettre et vous allez à la Poste. Vous entendez cette annonce.
Répondez aux questions.

1 - Dans combien de temps est-ce que la Poste ferme ?
a. ☐ 5 minutes.   b. ☐ 15 minutes.   c. ☐ 25 minutes.

2 - À quelle heure est-ce que la Poste ouvre ?
a. ☐ 14 h.   b. ☐ 15 h.   c. ☐ 16 h.

3 - À quel bureau est-ce que vous devez aller pour votre lettre ?
a. ☐ 4.   b. ☐ 8.   c. ☐ 10.

compréhension de l'oral

— Comprendre la météo

Activité 19
Écoutez les messages et notez le numéro du message sous le dessin correspondant.

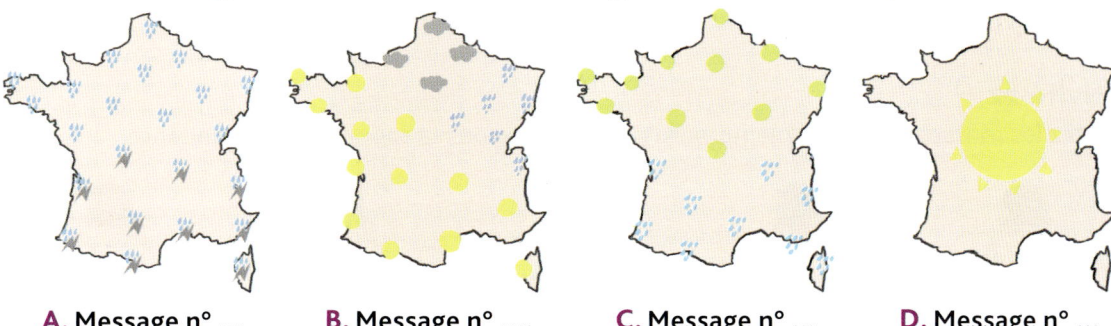

A. Message n° …   **B.** Message n° ….   **C.** Message n° …   **D.** Message n° …

Activité 20
Vous écoutez la météo de différentes villes françaises. Associez la ville au lieu puis au climat correspondant.

Courchevel •

Belcastel •

Biarritz •

Activité 21
Vous écoutez le bulletin météo pour votre semaine sur Paris.
1. Écoutez le document une première fois et cochez les bonnes réponses dans « Météo ».
2. Écoutez le document une deuxième fois et cochez les bonnes réponses dans « Températures ».

	Météo			Températures		
Lundi	☐ ☀	☐ 🌧	☐ ☁	☐ De 15° à 20°	☐ De 15° à 23°	☐ De 15° à 30°
Mardi	☐ 🌧	☐ 💨	☐ ☁	☐ De 6° à 13°	☐ De 7° à 13°	☐ De 7° à 16°
Mercredi	☐ ☀	☐ 💨	☐ 🌧	☐ De 6° à 13°	☐ De 10° à 13°	☐ De 13° à 16°
Jeudi	☐ ☀	☐ ☁	☐ 💨	☐ 20°	☐ 22°	☐ 28°
Vendredi	☐ 💨	☐ 🌧	☐ ❄	☐ De 4° à 9°	☐ De 4° à 19°	☐ De 4° à 29°
Samedi	☐ ☁	☐ ❄	☐ 💨	☐ De 5° à 10°	☐ De 5° à 11°	☐ De 6° à 16°
Dimanche	☐ ☀	☐ ☁	☐ 💨	☐ De 4° à 16°	☐ De 6° à 17°	☐ De 8° à 17°

SE PRÉPARER

3 Comprendre des instructions

— Comprendre l'heure

 Activité 22
Écoutez les messages et notez le numéro du message sous la montre correspondante.

A. Message n° …   B. Message n° …   C. Message n° …   D. Message n° …   E. Message n° …

 Activité 23
Écoutez les messages et dessinez les aiguilles sur les horloges.

Message n° 1   Message n° 2   Message n° 3

 Activité 24
Écoutez les messages et répondez aux questions en cochant (☒) la bonne réponse.

Message n° 1 : À quelle heure est votre rendez-vous chez le médecin ?

A. ☐   B. ☐   C. ☐

Message n° 2 : À quelle heure est-ce que vous devez aller dans le bureau du directeur de l'école ?

A. ☐   B. ☐   C. ☐

compréhension de l'oral

Message n° 3 : À quelle heure est-ce que vos amis vous attendent ?

A. ☐ B. ☐ C. ☐

Message n° 4 : À quelle heure est le rendez-vous au parc avec vos amis ?

A. ☐ B. ☐ C. ☐

▬ Comprendre des activités

Activité 25

Écoutez les dialogues et cochez les activités réalisées.

Dialogue n° 1 : a. ☐ Lire un livre. b. ☐ Ranger un livre. c. ☐ Ouvrir un livre.

Dialogue n° 2 : a. ☐ Aller au parc. b. ☐ Jouer dans le parc. c. ☐ Marcher dans le parc.

Dialogue n° 3 : a. ☐ Vendre des fleurs. b. ☐ Cueillir des fleurs. c. ☐ Acheter des fleurs.

Dialogue n° 4 : a. ☐ Donner un pull. b. ☐ Acheter un pull. c. ☐ Essayer un pull.

Dialogue n° 5 : a. ☐ Monter dans le train. b. ☐ Descendre du train. c. ☐ Acheter un billet de train.

Activité 26

Vous organisez un voyage scolaire à Paris avec votre professeur. Pour l'organisation, il faut suivre des étapes. Écoutez les messages de votre professeur et reliez les étapes aux activités.

Étape n° 1 : Il faut… •
- a. acheter les billets d'avion.
- b. connaître une agence de voyages.
- c. connaître le prix des billets d'avion.

Étape n° 2 : Il faut… •
- a. préparer la visite des monuments.
- b. visiter les monuments.
- c. préparer la visite des musées.

Étape n° 3 : Il faut… •
- a. chercher un hôtel.
- b. écrire aux personnes.
- c. écrire à l'agence de voyages.

SE PRÉPARER

Activité 27
Écoutez les messages. Quel document est-ce que vous devez envoyer ?

Message n° 1 :
a. ☐ Une pièce d'identité.   b. ☐ Un courrier de l'université.   c. ☐ Un formulaire d'inscription.

Message n° 2 :
a. ☐ Un devoir d'histoire.   b. ☐ Un travail informatique.   c. ☐ Un message de votre professeur.

Message n° 3 :
a. ☐ La carte de mariage.   b. ☐ La carte d'invitation.   c. ☐ La carte d'anniversaire.

▬ Comprendre une instruction

Activité 28
Qui vous laisse le message ? Écoutez les messages et complétez le tableau.

	Votre père	Votre mère	Votre professeur
Message n° 1	☐	☐	☐
Message n° 2	☐	☐	☐
Message n° 3	☐	☐	☐

Activité 29
Vous habitez en France dans une famille. La mère de la famille vous demande de faire des courses après l'école. Écoutez le message et cochez les magasins où vous devez aller.

A. ☐   B. ☐   C. ☐   D. ☐

 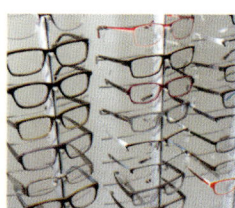

E. ☐   F. ☐

Activité 30
Vous êtes en cours de français. Votre professeur vous donne des instructions. Répondez aux questions.

1 - Qu'est-ce que vous devez écrire ?
a. ☐ Une carte.   b. ☐ Un texte.   c. ☐ Une recette.

2 - Pour parler de vos plats préférés, qu'est-ce que vous pouvez faire ?
a. ☐ Dessiner les plats.   b. ☐ Mettre des photos.   c. ☐ Écrire les ingrédients.

3 - Combien de temps est-ce que vous avez pour écrire ?
a. ☐ 20 minutes.   b. ☐ 25 minutes.   c. ☐ 40 minutes.

compréhension de l'oral

4 Identifier des situations

— Identifier une personne

Activité 31
Qui est Noéline ? Qui est Bérénice ? Qui est Camilla ?
Écoutez les descriptions et écrivez le prénom de chaque personne sous le dessin correspondant.

       A   B   C

....

Activité 32
Vous arrivez dans une nouvelle école. Le directeur vous présente l'équipe.
Notez le numéro de la personne à l'endroit correspondant.
        1 - Mme Dutronc ; **2 -** M. Lesage ; **3 -** M. Dupond ; **4 -** Louise ; **5 -** Anna.

SE PRÉPARER

Activité 33
Écoutez les dialogues et répondez aux questions.

Dialogue n° 1 : Quel âge a Théo ?

a. ☐ 16 ans.   b. ☐ 17 ans.   c. ☐ 18 ans.

Dialogue n° 2 : Quel âge a Emma ?

a. ☐ 13 ans.   b. ☐ 14 ans.   c. ☐ 16 ans.

Dialogue n° 3 : Quel âge a la mère de Georges ?

a. ☐ 37 ans.   b. ☐ 38 ans.   c. ☐ 39 ans.

Activité 34
Écoutez les dialogues et répondez aux questions.

Dialogue n° 1 : Cathy a…

a. ☐ un chapeau.
b. ☐ des lunettes.
c. ☐ un parapluie.

Dialogue n° 2 : Léa a…

a. ☐ des gants.
b. ☐ des lunettes.
c. ☐ un parapluie.

Dialogue n° 3 : Nicolas a…

a. ☐ un chapeau.
b. ☐ une ceinture.
c. ☐ un parapluie.

━ **Comprendre des relations**

Activité 35
Écoutez les dialogues et complétez le tableau.

	Tutoiement	Vouvoiement
Dialogue n° 1	☒	☐
Dialogue n° 2	☐	☐
Dialogue n° 3	☐	☐
Dialogue n° 4	☐	☐

compréhension de l'oral

Activité 36
Écoutez le dialogue et complétez l'arbre généalogique de la famille Fournier.

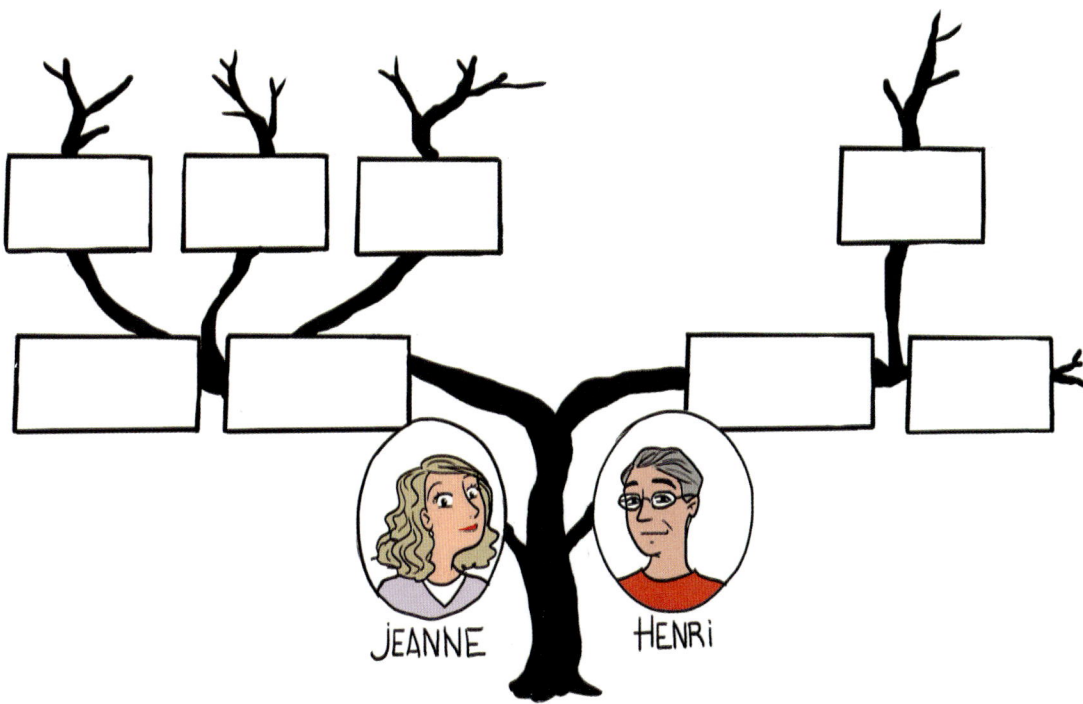

Activité 37
Qui est qui ? Écoutez les messages et répondez aux questions.

Message n° 1 : Qui est Mme Bernard ?

a. ☐ La mère de Julie.

b. ☐ La directrice de l'école.

c. ☐ La secrétaire de la directrice.

Message n° 2 : Qui est monsieur Simon ?

a. ☐ Le professeur d'anglais.

b. ☐ Le professeur de français.

c. ☐ Le professeur d'allemand.

Message n° 3 : Qui est Tiago ?

a. ☐ Un ami d'Antoine.

b. ☐ Le frère d'Antoine.

c. ☐ Le professeur d'Antoine.

SE PRÉPARER

Activité 38
Écoutez les dialogues et cochez la bonne réponse.

Dialogue n° 1 : Qui parle ?
a. ☐ Deux amis.   **b.** ☐ Deux voisins.   **c.** ☐ Deux parents.

Dialogue n° 2 : Qui parle ?
a. ☐ Un père et sa fille.   **b.** ☐ Une mère et son fils.   **c.** ☐ Un professeur et un élève.

Dialogue n° 3 : Qui parle ?
a. ☐ Une mère et son fils.   **b.** ☐ Une professeure et un élève.   **c.** ☐ Une directrice d'école et un élève.

— **Repérer la situation**

Activité 39
Écoutez les dialogues et cochez les bonnes réponses.

Dialogue n° 1 : Où sont Alex et Margaux ?
a. ☐ Dans un restaurant.   **b.** ☐ À la cantine de l'école.   **c.** ☐ Dans la cuisine de Margaux.

Dialogue n° 2 : Où vont Candice et Enzo ?
a. ☐ En cours de sport.   **b.** ☐ En cours d'histoire.   **c.** ☐ En cours d'espagnol.

Dialogue n° 3 : Qu'est-ce que Tang et Augustin font ?
a. ☐ Ils mangent.   **b.** ☐ Ils lisent un livre.   **c.** ☐ Ils préparent un voyage.

Activité 40
Écoutez les dialogues et reliez une personne d'abord à une action puis à un lieu.

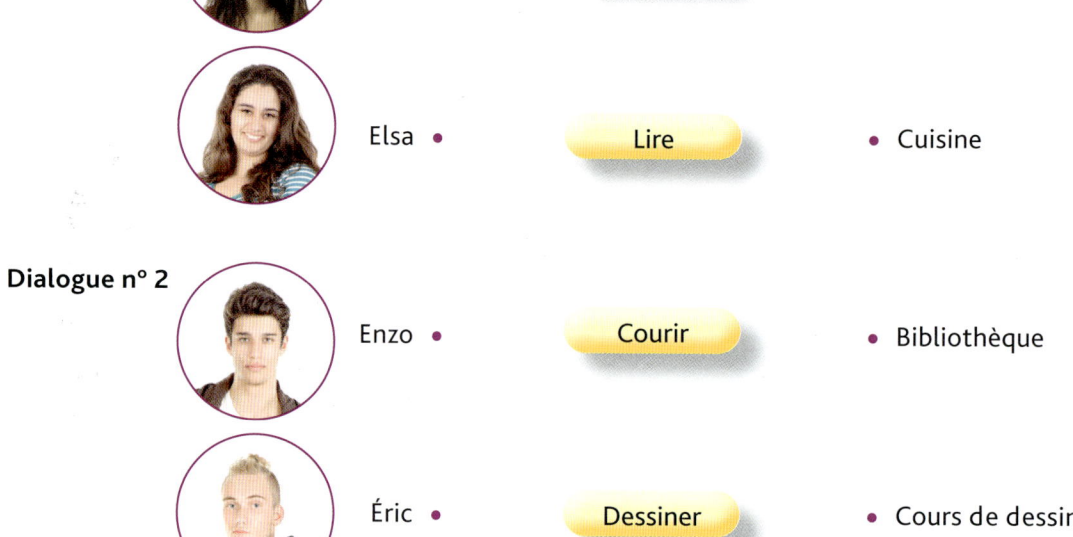

compréhension de l'oral

Dialogue n° 3

Rachida •   Parler   • Dans la salle de sciences

Oscar •   Étudier   • Devant la salle de sciences

 PISTE 42

Activité 41
À vos crayons ! Écoutez la conversation téléphonique de Luna et sa mère. Dessinez Luna, son père et les objets suivants : le livre de sciences, le stylo bleu, le sac à main.

 PISTE 43

Activité 42
Écrivez le numéro du dialogue sous l'image qui correspond. Attention, il y a quatre dialogues et six images.

A. Situation n° …

B. Situation n° …

C. Situation n° …

D. Situation n° …

E. Situation n° …

F. Situation n° …

SE PRÉPARER

5 Identifier des objets

— Repérer des objets

 Activité 43
Reliez chaque objet à la pièce de la maison correspondante. Écoutez le message et vérifiez vos réponses.

1. Un livre
2. Une serviette
3. Une tasse
4. Une casquette
5. Des biscuits
6. Un savon

 Activité 44
Écoutez le message et cochez les courses à faire au supermarché.

A. ☐   B. ☐   C. ☐   D. ☐   E. ☐

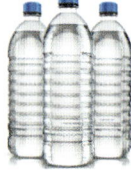

F. ☐   G. ☐   H. ☐   I. ☐   J. ☐

compréhension de l'oral

Activité 45
Écoutez les messages et cochez l'objet décrit.

Message n° 1 :

A. ☐   B. ☐   C. ☐

Message n° 2 :

A. ☐   B. ☐   C. ☐

Message n° 3 :

A. ☐   B. ☐   C. ☐

Activité 46
Écoutez les messages. Associez chaque message au lieu correspondant.

•   •   •

•   •   •

Message n° 1   Message n° 2   Message n° 3

SE PRÉPARER

— Comprendre un objet dans un message

Activité 47
Écoutez les messages et reliez chaque objet au message correspondant.

- Un gâteau
- Des crayons
- Un diplôme
Message n° 1 •
- Un sac
- Un cahier
Message n° 2 •
- Des cadeaux
- Une photo
- Une table

Activité 48
Écoutez les messages et répondez aux questions.

Message n° 1 : Qu'est-ce que vous devez apporter demain ?

A. ☐ B. ☐ C. ☐

Message n° 2 : Qu'est-ce que vous devez prendre pour demain ?

A. ☐ B. ☐ C. ☐

Message n° 3 : Avec quoi est-ce que les élèves vont travailler le français ?

A. ☐ B. ☐ C. ☐

compréhension de l'oral

Activité 49

Écoutez le dialogue. Reliez chaque objet à la personne qui le prononce. Attention, il y a des intrus.

- A.
- B.

Inès •

- C.
- D.
- E.

Gregor •

- F.
- G.
- H.

SE PRÉPARER

— Identifier plusieurs objets dans un message

Activité 50
Écoutez la liste des objets et cochez les numéros des objets entendus.

Activité 51
Écoutez le dialogue et répondez aux questions.

1. Qu'est-ce qu'il y a dans le placard de la salle de bains ?
a. ☐ Un savon.
b. ☐ Une crème.
c. ☐ Un shampoing.

2. Fatou veut écouter de la musique avec quoi ?
a. ☐ La radio.
b. ☐ La télévision.
c. ☐ Le téléphone.

3. Qu'est-ce que Diego va boire ?
a. ☐ Un thé.
b. ☐ Un café.
c. ☐ Un verre d'eau.

4. Qu'est-ce que Fatou lave ?
a. ☐ Sa jupe verte.
b. ☐ Son pull rose.
c. ☐ Sa robe bleue.

compréhension de l'oral

Activité 52

Écoutez le message. Cochez OUI si vous entendez le nom de l'objet. Cochez NON si vous n'entendez pas le nom de l'objet. Écoutez une deuxième fois le message pour vérifier vos réponses.

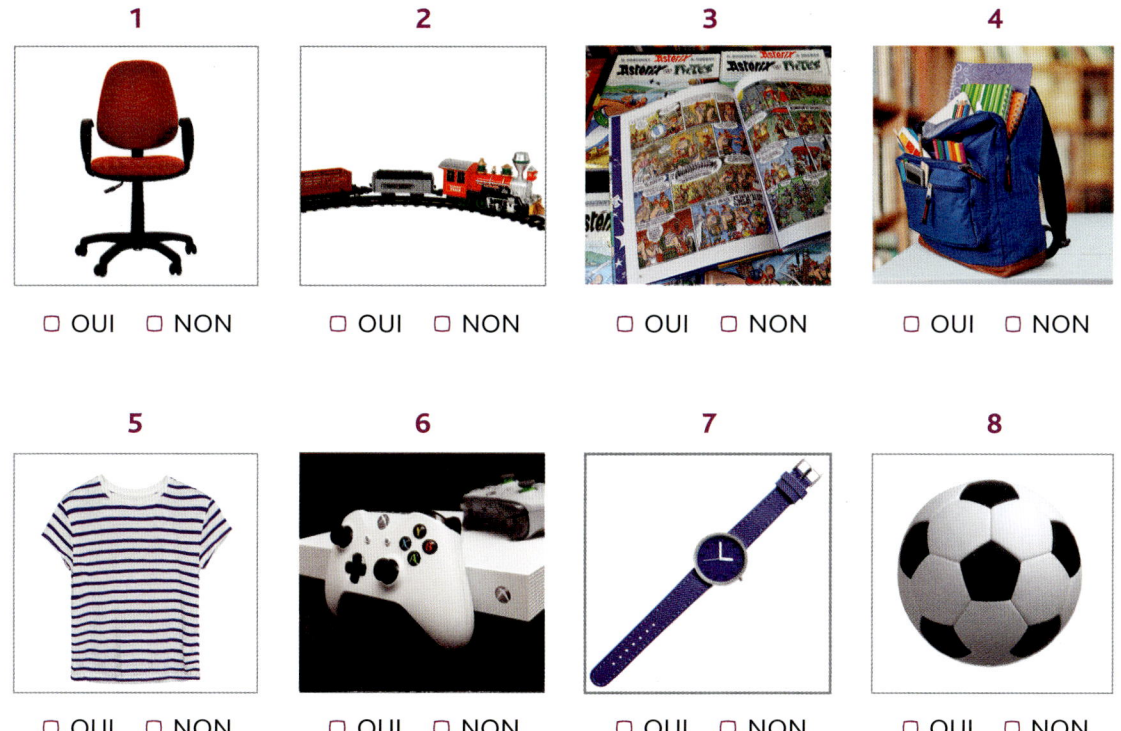

1 ☐ OUI ☐ NON
2 ☐ OUI ☐ NON
3 ☐ OUI ☐ NON
4 ☐ OUI ☐ NON
5 ☐ OUI ☐ NON
6 ☐ OUI ☐ NON
7 ☐ OUI ☐ NON
8 ☐ OUI ☐ NON

S'ENTRAÎNER

1 Identifier un événement

Vous allez écouter plusieurs documents. Il y a 2 écoutes.
Avant chaque écoute, vous entendez le son d'une cloche.
Dans les exercices 1, 2, 3 et 5, pour répondre aux questions, cochez la bonne réponse.

Exercice 1 — 4 points

Vous entendez ce message sur votre répondeur.
Lisez les questions. Écoutez le document puis répondez.

> ▸ Dans cet exercice, vous devez repérer des informations de la vie quotidienne et des instructions simples. Pour vous aider, posez-vous les bonnes questions : qui parle ? Quelle activité ? Quand ? Où ? Avec qui ?
>
> ▸ Vous avez 30 secondes pour lire les 4 questions.

1 - Quel jour est l'anniversaire de Natacha ? *(1 point)*
a. ☐ Jeudi.
b. ☒ Vendredi.
c. ☐ Samedi.

> ▸ Quand vous lisez les questions avant l'écoute du document audio, soulignez les mots importants. Dans cette question, vous soulignez « jour » ; vous savez que vous cherchez un jour.

2 - Quel âge a Natacha ? *(1 point)*

A. ☒   B. ☐   C. ☐

> ▸ Pendant la lecture des questions, vous pouvez aussi lire et prononcer dans votre tête les 3 choix (prononcez « dix-sept », « dix-huit », « dix-neuf »).

3 - Natacha fête son anniversaire au restaurant avec… *(1 point)*
a. ☐ ses amis.
b. ☒ sa famille.
c. ☐ ses frères.

> ▸ Pour les questions avec 3 choix de réponse, vous devez cocher (X) une seule bonne réponse.

4 - À quelle heure est-ce que vous devez aller chez Natacha ? *(1 point)*

A. ☐   B. ☐   C. ☒

compréhension de l'oral

▶ Avec les questions 2 et 4, vous comprenez qu'il y a deux informations avec des chiffres dans le document audio. Concentrez-vous sur « ans » et « heure » ! Quand vous entendez ces mots, vous savez qu'il y a la bonne réponse.

JE RETIENS

▶ Je lis les questions et je souligne les mots importants.
▶ Je prononce dans ma tête les 3 choix de réponse de chaque question.
▶ Je coche une seule bonne réponse par question.

Exercice 2

4 points

Vous entendez ce message sur votre répondeur.
Lisez les questions. Écoutez le document puis répondez.

1 - Quel sport est-ce que Max vous propose de faire ? **1 point**

A. ☐   B. ☐   C. ☐

2 - Qu'est-ce que vos amis prennent ? **1 point**

A. ☐   B. ☐   C. ☐

3 - Qu'est-ce que vous devez apporter ? **1 point**
a. ☐ Des fruits.   b. ☐ Du jus de fruits.   c. ☐ Des bouteilles d'eau.

4 - Où est le rendez-vous ? **1 point**
a. ☐ Au stade.   b. ☐ Chez Léo.   c. ☐ Au supermarché.

S'ENTRAÎNER

2 Identifier une activité

Exercice 3 *4 points*

Vous êtes dans un centre commercial en Suisse. Vous entendez cette annonce.
Lisez les questions. Écoutez le document puis répondez.

> ▸ Dans cet exercice, vous écoutez une annonce dans un lieu public. Vous devez repérer une activité.
> ▸ Vous avez 30 secondes de pause entre les 2 écoutes du document audio. Utilisez les 30 secondes pour vérifier vos réponses et relire les questions.

1 - Quel est le pourcentage de réduction ? *1 point*
a. ☐ 20 %. **b.** ☒ 30 %. **c.** ☐ 40 %.

▸ Dans les exercices, vous trouvez une consigne pour donner le contexte. Par exemple, la consigne dit où vous êtes et ce que vous faites. Dans cet exercice, vous êtes en Suisse et vous entendez une annonce.

2 - Pour quelles fleurs est la réduction ? *1 point*

A. ☒   B. ☐   C. ☐

▸ Soulignez les mots importants dans les questions. Si vous ne comprenez pas un mot, essayez de le prononcer dans votre tête. La situation dans le document audio peut vous aider à comprendre le mot.

3 - Quelles sont les heures pour la réduction ? *1 point*
a. ☐ De 13 h à 20 h.
b. ☒ De 14 h à 20 h.
c. ☐ De 14 h à 21 h.

▸ Dans cette question, vous devez regarder le début (« 13 h » ou « 14 h ») et la fin (« 20 h » ou « 21 h ») de chaque proposition.

▸ Sur votre feuille de brouillon, vous pouvez écrire les chiffres en lettres pour aider votre compréhension (13 = treize ; 14 = quatorze ; 20 = vingt ; 21 = vingt-et-un).

compréhension de l'oral

4 - Où est le magasin ? `1 point`

A. ☐ B. ☒ C. ☐

▸ Avec les mots de la question, vous pouvez faire la phrase du document audio :
le magasin est… en face / à côté / à l'intérieur… du supermarché.
Vous pouvez les écrire sur votre feuille de brouillon.

JE RETIENS

- **Je repère l'activité et le lieu public.**
- **J'utilise les 30 secondes de pause entre les écoutes** pour relire les questions et vérifier mes premières réponses.
- **Je note sur ma feuille de brouillon les mots importants des questions.**

Exercice 4 `4 points`

Vous êtes dans une gare à Paris, en France. Vous entendez cette annonce.
Lisez les questions. Écoutez le document puis répondez.

1 - Le retard peut être de… `1 point`

a. ☐ 5 à 35 minutes.   **b.** ☐ 15 à 35 minutes.   **c.** ☐ 15 à 45 minutes.

2 - Où est-ce que vous pouvez aller pour connaître le retard de votre train ? `1 point`

A. ☐ B. ☐ C. ☐

S'ENTRAÎNER

3 - Quel numéro de téléphone est-ce que vous pouvez appeler ? `1 point`
a. ☐ 08.95.13.47.60
b. ☐ 08.95.16.47.70
c. ☐ 08.95.13.87.70

4 - Qu'est-ce qui est offert à l'entrée de la gare ? `1 point`

A. ☐   B. ☐   C. ☐

3 Comprendre des instructions

Exercice 5 `4 points`

Vous êtes chez votre ami français Gauthier.
Lisez les questions. Écoutez le document puis répondez.

> ▸ Dans cet exercice, vous entendez des instructions simples. Vous devez repérer des informations sur une activité, une date, une personne, une adresse…
> ▸ Vous avez 30 secondes après la seconde écoute du document audio pour compléter et vérifier vos réponses définitives.
> ▸ Si vous n'avez pas la réponse, réfléchissez au contexte et choisissez un des trois choix. Il est important de répondre à toutes les questions.

1 - Quel est le temps pour demain ? `1 point`
a. ☒ Du soleil.
b. ☐ De la pluie.
c. ☐ Des nuages.

> ▸ Les 3 choix n'utilisent pas toujours les mots entendus dans le document. Vous entendez « il fait beau », la bonne réponse est « Du soleil ».

2 - Quel vêtement est-ce que vous pouvez mettre pour aller au parc ? `1 point`
a. ☐ Une veste.
b. ☒ Un tee-shirt.
c. ☐ Un pantalon.

3 - Qu'est-ce qu'il y a dans le sac ? `1 point`
a. ☐ Un ballon.
b. ☒ Un gâteau.
c. ☐ Une montre.

compréhension de l'oral

4 - À quelle heure est-ce que vous partez au parc demain ? `1 point`
- **a.** ☒ À 11 h 30.
- **b.** ☐ À 12 h 30.
- **c.** ☐ À 13 h 30.

▶ Dans cet exercice, il y a toujours une question sur une information chiffrée. Préparez-vous à chercher un chiffre quand vous écoutez le document.

▶ Pendant la première écoute du document audio, vous pouvez utiliser un crayon. Mais attention : vous devez mettre vos réponses définitives au stylo.

JE RETIENS

▶ **Je me concentre sur la date, le lieu ou l'activité** pour comprendre l'instruction.
▶ J'écoute attentivement le document audio du début à la fin.
▶ J'écris mes réponses définitives au stylo.

Exercice 6   `4 points`

Vous êtes dans une famille à Menton, en France. La mère de la famille vous explique les règles de la maison dans un message.
Lisez les questions. Écoutez le document puis répondez.

1 - Avec qui est-ce que vous prenez le bus ? `1 point`
- **a.** ☐ Avec le fils…
- **b.** ☐ Avec la fille…   de la famille.
- **c.** ☐ Avec la mère…

2 - Combien coûte le ticket de bus ? `1 point`
- **a.** ☐ 0,30 €.
- **b.** ☐ 1,20 €.
- **c.** ☐ 1,80 €.

3 - Où est-ce que la famille dîne ? `1 point`
- **a.** ☐ Dans le salon.
- **b.** ☐ Dans la cuisine.
- **c.** ☐ Dans la salle à manger.

4 - Qu'est-ce que la famille fait après le dîner ? `1 point`
- **a.** ☐ Jouer à des jeux.
- **b.** ☐ Aller se coucher.
- **c.** ☐ Lire dans la salle à manger.

S'ENTRAÎNER

4 Identifier des situations

Vous allez entendre quatre petits dialogues correspondant à quatre situations différentes. Il y a 15 secondes de pause après chaque dialogue. Notez, sous chaque image, le numéro de dialogue qui correspond. Puis vous allez entendre à nouveau les dialogues. Vous pouvez compléter vos réponses. Regardez les images. Attention, il y a six images (A, B, C, D, E et F) mais seulement quatre dialogues.

Exercice 7   *8 points*

Écrivez le numéro du dialogue sous l'image qui correspond.

▸ Dans cet exercice, vous avez 6 dessins sur la feuille et vous entendez 4 dialogues. Vous devez associer chaque dialogue à un dessin. Il y a deux dessins sans dialogue.
▸ Il y a 15 secondes de pause entre chaque dialogue. Vous écoutez 2 fois les dialogues.

A — Situation n° *1*.   B — Situation n° *4*.   C — Situation n° …

D — Situation n° …   E — Situation n° *2*.   F — Situation n° *3*.

compréhension de l'oral

- Pour vous aider, vous pouvez repérer les personnages des dialogues. Par exemple, quand vous entendez une femme et un petit garçon dans un dialogue, cherchez une femme et un petit garçon dans le même dessin. Mais attention : il peut y avoir plusieurs dessins avec les mêmes personnages.
- Pendant l'écoute des dialogues, écrivez les mots entendus. Par exemple, dialogue 1 : *bibliothèque, leçon*.
- Vous devez écrire un chiffre (ne pas mettre une lettre ou un mot) sous les dessins.

JE RETIENS

- **J'observe attentivement les dessins :** les personnages, les lieux, les objets…
- **J'utilise ma feuille de brouillon** pour noter le numéro de chaque dialogue et les mots entendus.
- **Je note un chiffre correspondant à chaque dialogue sous 4 images.**

Exercice 8

(8 points)

Écrivez le numéro du dialogue sous l'image qui correspond.

A — Situation n° …

B — Situation n° …

C — Situation n° …

D — Situation n° …

E — Situation n° …

F — Situation n° …

S'ENTRAÎNER

5 Identifier des objets

Exercice 9 5 points

Vous allez entendre un message. Quels objets sont donnés dans le message ? Vous entendez le nom de l'objet ? Cochez OUI. Sinon, cochez NON. Puis vous allez entendre à nouveau le message. Vous pouvez compléter vos réponses.

▸ Après la lecture de la consigne, regardez attentivement les 5 objets. Prononcez le nom de chaque objet dans votre tête.

▸ Vous pouvez aussi utiliser votre brouillon et écrire le nom des 5 objets. Attention, entre la consigne et la 1ère écoute, il y a seulement 15 secondes, c'est rapide.

1. ☒ OUI ☐ NON
2. ☐ OUI ☒ NON
3. ☒ OUI ☐ NON
4. ☒ OUI ☐ NON
5. ☐ OUI ☒ NON

▸ Les objets sont mélangés. Ils ne sont pas dans l'ordre du message.

▸ Vous devez cocher une seule réponse : OUI ou NON. Vous devez toujours cocher sous un objet : OUI ou NON. À la fin, vous devez avoir 5 cases cochées.

JE RETIENS

▸ Je regarde et je prononce dans ma tête les 5 objets avant la 1ère écoute.
▸ Je coche une case par objet. J'ai donc 5 cases cochées à la fin de l'exercice.
▸ Je choisis OUI ou NON et je ne coche pas les deux.

compréhension de l'oral

 **Exercice 10** 5 points

Vous allez entendre un message. Quels objets sont donnés dans le message ? Vous entendez le nom de l'objet ? Cochez OUI. Sinon, cochez NON. Puis vous allez entendre à nouveau le message. Vous pouvez compléter vos réponses.

Prêt pour l'examen !

Communication
- Annoncer
- Commencer un message
- Inviter
- Préciser
- Prendre congé
- Proposer
- Répéter une information
- Suivre des indications

Socioculturel
- Identifier le lieu d'écoute : à la radio, dans un lieu public
- Repérer les intentions de l'émetteur du message : invitation, instructions, informations
- Identifier les intonations : phrases interrogatives, phrases exclamatives, phrases affirmatives
- Comprendre un numéro de téléphone : 10 chiffres pour le format français

Grammaire
Les articles définis et indéfinis (*le, la, les, un, une, des*)
Les verbes en *-er*
Les verbes *aller, prendre, descendre, payer, acheter*
Le présent
L'impératif
Les phrases interrogatives

Vocabulaire
- Achats
- Aliments, boissons
- Calendrier
- Chiffres, nombres
- Commerces
- École, matières scolaires
- Horaires
- Loisirs
- Météo
- Prix
- Téléphoner
- Vêtements
- Voyage

STRATÉGIES

1. Quand j'écoute, je pose mon stylo et je me concentre.

2. Je repère les différentes voix pour comprendre les rôles de chacun.

3. Je note des chiffres, des dates ou des mots clés.

compréhension de l'oral

POUR COMPRENDRE

▶ **Annoncer**
- Le train va entrer en gare quai numéro 3.
- Le TGV 8967 arrivera dans 5 minutes.
- Le TGV à destination de…

▶ **Commencer un message**
- Mesdames, messieurs,
- Votre attention s'il vous plaît
- Chers clients,

▶ **Proposer**
- Tu peux venir avec Camille.
- Tu es toujours d'accord pour le rendez-vous de 15 heures ?
- On peut aller au cinéma après le travail.

▶ **Suivre des instructions**
- Tu dois prendre
- Vous devez faire
- Envoyez-moi

▶ **Achats**
- Un magasin
- Une promotion spéciale
- Une remise de 15 %
- Le rayon jouets
- Une réduction
- Les soldes
- 75 % (pour cent)

▶ **Calendrier**
- Jours : lundi, mardi, mercredi, jeudi, vendredi, samedi, dimanche
- Mois : janvier, février, mars, avril, mai, juin…
- Semaine, week-end, année

▶ **Message téléphonique**
- Recevoir/écouter un message
- Bonjour, madame Leroi au téléphone.
- Salut, c'est Aïcha.
- Ici le secrétariat de l'université.
- Je vous appelle au sujet de…
- Je ne peux malheureusement pas venir.
- Fixer/confirmer/donner/annuler un rendez-vous
- Il nous manque des pièces à votre dossier.
- Pour plus d'information, rappelez-nous au 01 47 12 13 13.
- Merci de nous rapporter une photocopie.
- Appelle-moi sur mon téléphone portable !
- Rendez-vous à 8 heures.

▶ **Chiffres, nombres**
- 10 dix
- 20 vingt
- 21 vingt-et-un
- 30 trente
- 40 quarante
- 50 cinquante
- 60 soixante
- 70 soixante-dix
- 80 quatre-vingts
- 90 quatre-vingt-dix
- 96 quatre-vingt-seize
- 100 cent
- 1000 mille

▶ **L'heure**
- 1 h 30 : une heure trente OU une heure et demie
- 13 h 30 : treize heures trente
- 1 h 15 : une heure et quart OU treize heures quinze
- 18 h 45 : dix-huit heures quarante-cinq ou sept heures moins le quart
- 12 h 00 : midi OU douze heures
- 00 h 00 : minuit

▶ **Poids, degrés, argent**
- Des billets
- Des pièces
- Des centimes
- Des euros
- 500 g (cinq cents grammes)
- 2 kg 5 (deux kilos cinq/et demi)
- 25° : 25 degrés

▶ **Voyage**
- Un avion, un bateau, un train
- Un bagage
- Le départ, l'arrivée
- La destination
- L'embarquement
- L'enregistrement
- Entrer en gare
- Porte D
- Le prochain arrêt
- En provenance de Lyon
- Le quai 2, la voie A
- Un train

Je suis prêt(e) ?

Les 4 questions à se poser

Je relis les rubriques « Je retiens » et je choisis les 4 conseils les plus importants pour moi :

1. ……
2. ……
3. ……
4. ……

Prêt pour l'examen !

À faire

avant l'examen

- ☐ **Réviser le vocabulaire**
  chiffres, heure, téléphoner, voyager, acheter, magasins et nourriture, prendre rendez-vous, vêtements, météo

- ☐ **Réviser la grammaire**
  l'impératif des verbes *aller*, *prendre*, *descendre*, *payer*, *acheter*

- ☐ **Identifier cinq situations de la vie quotidienne**
  et lister les mots sur des chiffres, situations, lieux, personnes et événements possibles (au marché, à l'école, à l'aéroport, dans un magasin, etc.)

le jour de l'examen

- ☐ apporter sa pièce d'identité, sa convocation et un stylo noir
- ☐ se concentrer et pratiquer une écoute active : noter les mots connus, repérer les chiffres
- ☐ répondre aux questions faciles après la première écoute
- ☐ s'aider des questions pour mieux comprendre les documents
- ☐ compléter les réponses manquantes ou modifier à la seconde écoute
- ☐ si une case est cochée par erreur, cocher et entourer la case de la bonne réponse

Compréhension des écrits

COMPRENDRE

L'ÉPREUVE

La compréhension des écrits est la deuxième épreuve de l'examen DELF A1.

Nombre d'exercices
4 exercices pour le niveau A1

Compréhension des écrits
Réponse à des questionnaires de compréhension portant sur plusieurs documents écrits ayant trait à des situations de la vie quotidienne.

30 minutes

…/25

Nombre de points

Durée de l'épreuve

Objectifs des exercices
1. Suivre des instructions simples
2. Lire pour s'orienter dans l'espace
3. Lire pour s'orienter dans le temps
4. Lire pour s'informer

LES SAVOIR-FAIRE

Il faut principalement être capable de :

Identifier le type de document : un message, un courriel, une carte postale, une invitation…

▸ **Exemple :** une invitation
Salut ! Samedi, c'est mon anniversaire. Est-ce que tu veux venir ? À bientôt.

Comprendre une instruction simple

▸ **Exemple :** Qu'est-ce que vous devez faire ?
a. ☐ Voir Sacha.
b. ☐ Écrire à Sacha.
c. ☐ Appeler Sacha.

S'orienter dans l'espace

▸ **Exemple :** Comprendre un itinéraire et choisir le plan correct.

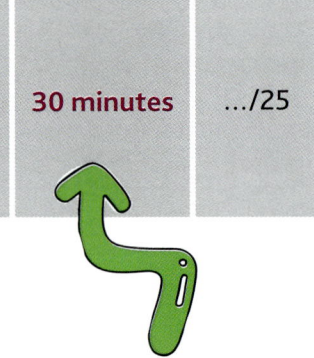

Comprendre des informations simples

▸ **Exemple :** Dans quelle ville est le voyage scolaire ?
a. ☐ Berne.
b. ☐ Bruges.
c. ☐ Bruxelles.

Repérer des informations dans le temps

▸ **Exemple :** À quel moment de la journée est-ce que vous pouvez étudier ?
a. ☐ Le matin.
b. ☐ L'après-midi.
c. ☐ Le soir.

compréhension des écrits

LES EXERCICES ET LES DOCUMENTS

	Supports possibles	Type d'exercice	Nombre de points
Exercice 1 Suivre des instructions simples DOMAINE PERSONNEL	▶ Courriel, message personnel, carte postale, carte d'invitation, lettre, mode d'emploi	Un questionnaire (5 questions)	6 points
Exercice 2 Lire pour s'orienter dans l'espace DOMAINE PERSONNEL	▶ Courriel, message personnel, carte postale, carte d'invitation	Un questionnaire (5 questions)	6 points
Exercice 3 Lire pour s'orienter dans le temps DOMAINE ÉDUCATIONNEL OU PUBLIC	▶ Petites annonces, messages, programmes, publicités	Un questionnaire (5 questions)	6 points
Exercice 4 Lire pour s'informer DOMAINE ÉDUCATIONNEL OU PUBLIC	▶ Affiche, brochure, programme d'un événement, article de presse	Un questionnaire (5 questions)	7 points

LA CONSIGNE

C'est quoi ?

C'est une phrase générale au début de l'épreuve. Elle explique ce qu'il faut faire.
▶ Exemple : « Pour répondre aux questions, cochez (X) la bonne réponse. »

La consigne est importante ?

Oui, elle donne la situation générale et dit quoi faire.
▶ Exemple :
« Vous lisez cet article dans un journal français. Répondez aux questions. »

Quand lire les consignes ?

Avant de lire les documents.

LES QUESTIONS ET LES RÉPONSES

Les questions sont toujours dans l'ordre du document.

Elles ont le format de questions à choix multiples (QCM) avec 3 choix. Il faut cocher la bonne réponse parmi les 3 choix. Il y a 1 seule réponse correcte.

Les 3 choix peuvent se présenter sous la forme de phrases, d'images, d'informations chiffrées ou de plans.

CONSEILS

Quand lire les questions ?
- D'abord, lisez bien la consigne et identifiez la situation de communication (personnes, lieux, actions).
- Puis, lisez les questions pour faciliter la lecture du texte.
- Enfin, lisez le texte et répondez aux questions.

SE PRÉPARER

1 Suivre des instructions simples

— Comprendre un message écrit

Activité 1

Reliez chaque message (1, 2, 3, 4) au type de message correspondant (a, b, c, d).

Félicitations pour l'achat de votre nouvelle télévision.
Instructions :
- Mettre la télévision sur un meuble.
- Ouvrir la télécommande et mettre les piles.
- Brancher la télévision.
- Connecter le câble de l'antenne.
- Appuyer sur le bouton ON/OFF.
- Appuyer sur les boutons < et > pour voir les chaînes.

15 ans !
Fête d'anniversaire de Pauline
Rendez-vous au 15, rue Baudelaire
à 14 h 30
Merci de confirmer votre présence
téléphone 01.75.24.56.32.

1.

2.

a. Un courriel

c. Une carte postale

b. Un mode d'emploi

d. Une carte d'invitation

3.

4.

De : leonard.stt@mel.fr
Objet : Invitation

Salut !
Je t'invite à mon anniversaire.
C'est samedi après-midi.
On va faire des jeux et manger du gâteau.
Je t'attends à 15 h. Réponds-moi vite !
Léonard

Salut,
Je suis en vacances dans le sud de la France.
Je vais à la mer et je visite des musées.
Il fait beau. Il y a beaucoup de soleil.
À très bientôt.
Bises,
Lucie

compréhension des écrits

Activité 2

Dans le message suivant, entourez en bleu les formules de politesse, en vert le message principal et en noir les informations secondaires (les informations secondaires sont moins importantes que le message principal).

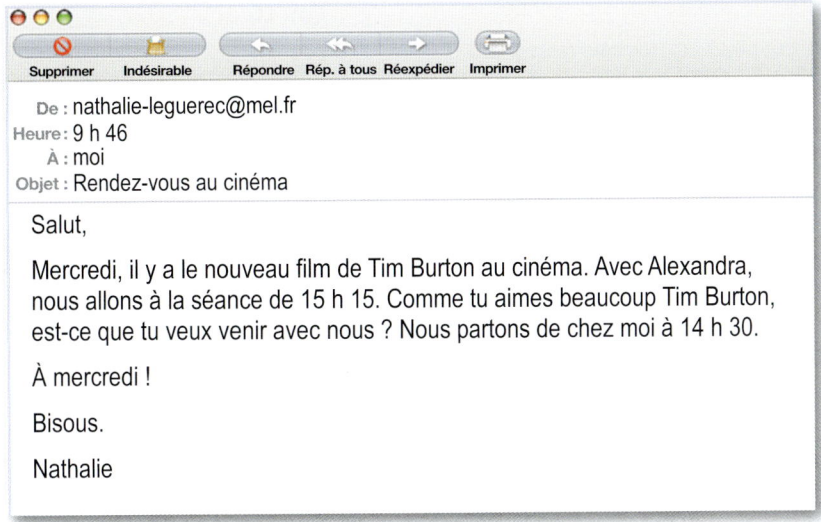

— Identifier la situation

Activité 3

Reliez chaque message à un thème. Pour vous aider, repérez les mots liés aux thèmes.

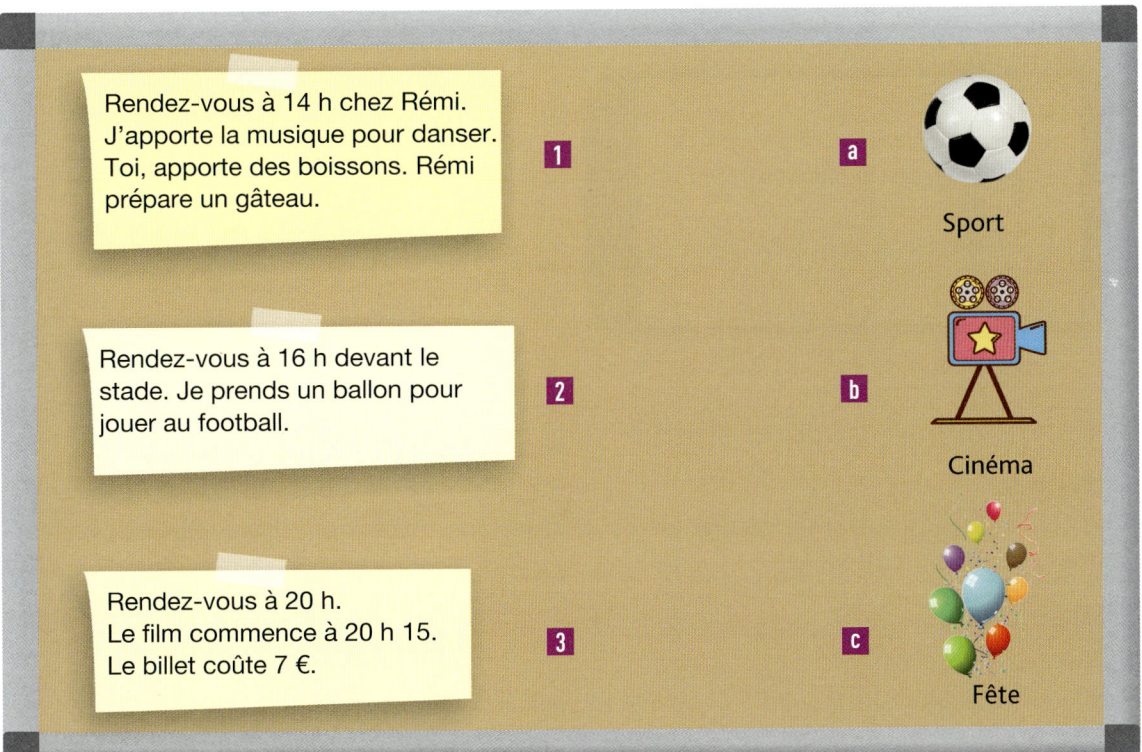

SE PRÉPARER

Activité 4
Pour chaque message, indiquez le prénom de l'émetteur (la personne qui écrit) et si c'est un message personnel (pour moi) ou pour plusieurs personnes.

Salut,

Est-ce que tu peux apporter mon pull rose s'il te plaît ? Il est chez toi.

Merci.

Bertille

Émetteur : ....

Message :

a. ☐ personnel.

b. ☐ pour plusieurs personnes.

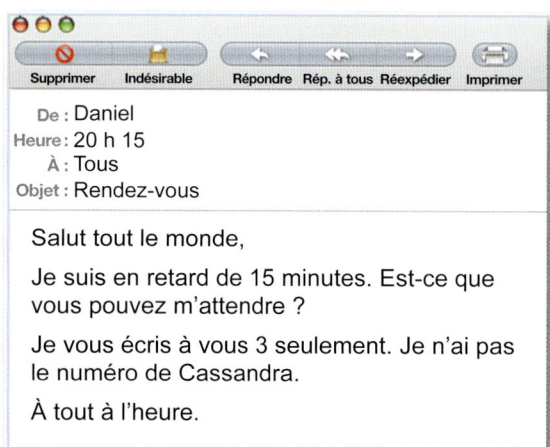

Émetteur : ....

Message :

a. ☐ personnel.

b. ☐ pour plusieurs personnes.

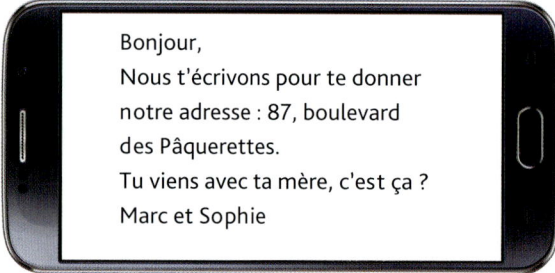

Émetteur : ....

Message :

a. ☐ personnel.

b. ☐ pour plusieurs personnes.

▬ Suivre une instruction simple

Activité 5
Dans les messages suivants, soulignez les instructions. Attention, il y a parfois plusieurs instructions dans un message.

Message n° 1 :

Salut,
Je voudrais faire une ratatouille. Est-ce que tu peux acheter des légumes, s'il te plaît ?
Merci et à ce soir.

compréhension des écrits

Message n° 2 :

Bonjour,
Je suis votre nouveau professeur de français. Pour lundi, vous devez apporter un cahier et des feutres.
Merci.

Message n° 3 :

Salut,
Je prépare le cadeau de Tom. Je mets une photo de chacun de ses amis. Tu peux m'envoyer une photo de toi pour demain ? C'est urgent !
Merci.

Message n° 4 :

Pour le pique-nique, Alexandra apporte le pain. Moi, je viens avec les boissons. Est-ce que tu peux appeler Michaël et Edwige pour leur donner l'heure ? Et envoie l'adresse du parc à mon père, s'il te plaît.

Message n° 5 :

Tu peux téléphoner à Gaëlle ? Moi, je dois aller à la piscine. N'oublie pas, tu dois aussi donner à Nassima l'heure du rendez-vous pour cet après-midi. Et demande à ton frère s'il est disponible : il a une voiture et il peut aller au cinéma avec nous.
Réponds-moi vite !

Activité 6

Vous recevez un courriel de votre ami français, Mathéo. Lisez le courriel.

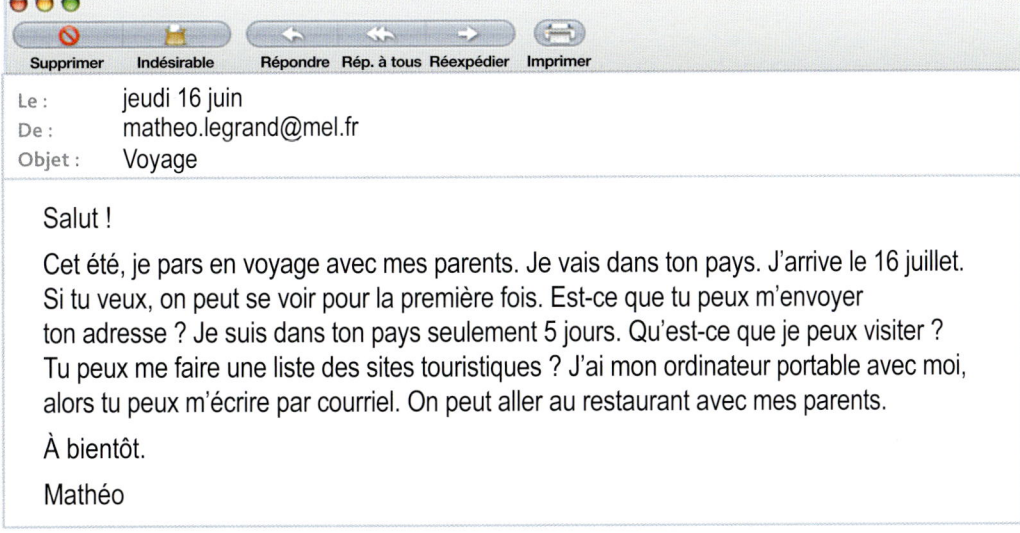

Répondez aux questions.

1 - Pourquoi Mathéo vous écrit ?
a. ☐ Pour préparer un voyage avec vous.
b. ☐ Pour annoncer son voyage familial dans votre pays.
c. ☐ Pour expliquer son voyage scolaire dans votre pays.

SE PRÉPARER

2 - À quelle date est-ce que Mathéo arrive dans votre pays ?

a. ☐ Le 16 juin.

b. ☐ Le 16 juillet.

c. ☐ Le 5 août.

3 - Qu'est-ce que Mathéo vous propose de faire pour la première fois ?

a. ☐ Vous voir.

b. ☐ Vous écrire.

c. ☐ Vous appeler.

4 - Mathéo vous demande une liste…

a. ☐ des pays à visiter.

b. ☐ des adresses des restaurants.

c. ☐ des endroits de votre pays à visiter.

5 - Qu'est-ce que Mathéo a avec lui ?

A. ☐   **B.** ☐   **C.** ☐

2 Lire pour s'orienter dans l'espace

— Identifier un lieu de rendez-vous

Activité 7
Trouvez le lieu correspondant à chaque dessin.

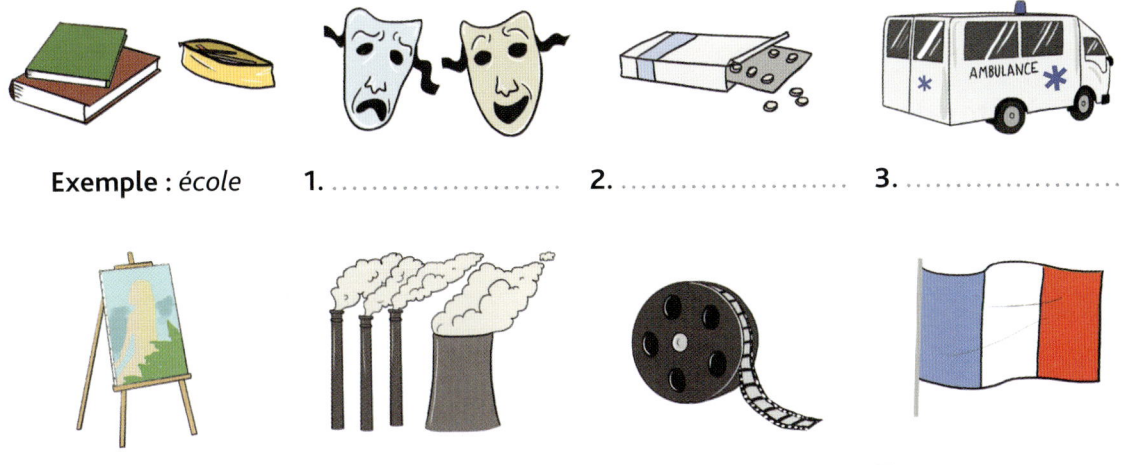

Exemple : *école*   1. ....   2. ....   3. ....

4. ....   5. ....   6. ....   7. ....

Activité 8
Lisez les messages et cochez la bonne réponse.

Message n° 1 :

> Rendez-vous devant l'université. Pour arriver à l'université, c'est facile ! Tu prends la ligne 3 du métro et tu descends à Jussieu. Il y a un vendeur de magazines et un restaurant.
> Je t'attends devant l'entrée de l'université.

Quel est le lieu du rendez-vous ?

a. ☐ Devant l'université.

b. ☐ Devant le restaurant.

c. ☐ Devant le vendeur de magazines.

Message n° 2 :

> Salut,
> Ma mère rentre à la maison à 17 h. Tu peux venir chez moi à 17 h 30. On peut jouer dans ma chambre, lire un livre ou regarder la télévision. On peut aussi aller au cinéma le soir.
> À tout à l'heure.
> Dante

Quel est le lieu du rendez-vous ?

a. ☐ Au cinéma.

b. ☐ Chez Dante.

c. ☐ À la sortie de l'école.

SE PRÉPARER

Message n° 3 :

> Pour aller chez le dentiste, tu dois prendre le bus boulevard Malesherbes. Tu descends devant le musée. Je t'attends à cet endroit à 15 h. On peut marcher rue des Fours et passer devant la librairie. Le dentiste est juste à côté de la librairie.

Quel est le lieu du rendez-vous ?

a. ☐ Chez le dentiste.
b. ☐ Devant le musée.
c. ☐ Devant la librairie.

▬ S'orienter dans l'espace

Activité 9

Voici le dessin d'une chambre. Dessinez dans la chambre les 8 objets aux endroits indiqués.

 La lampe est sur le bureau, à côté des cahiers.

 Le livre d'histoire est dans la bibliothèque, entre le livre de sciences et le livre de géographie.

 La peluche est sur le lit.

 Le poster avec les chanteurs est au-dessus du lit.

 Le poster avec la chanteuse est à droite de la fenêtre.

 Le téléphone portable est sur le sol, devant la bibliothèque.

 Le sac est sous le bureau.

 Le chat est sur la chaise.

compréhension des écrits

Activité 10
Écrivez sous chaque dessin l'action correspondante.

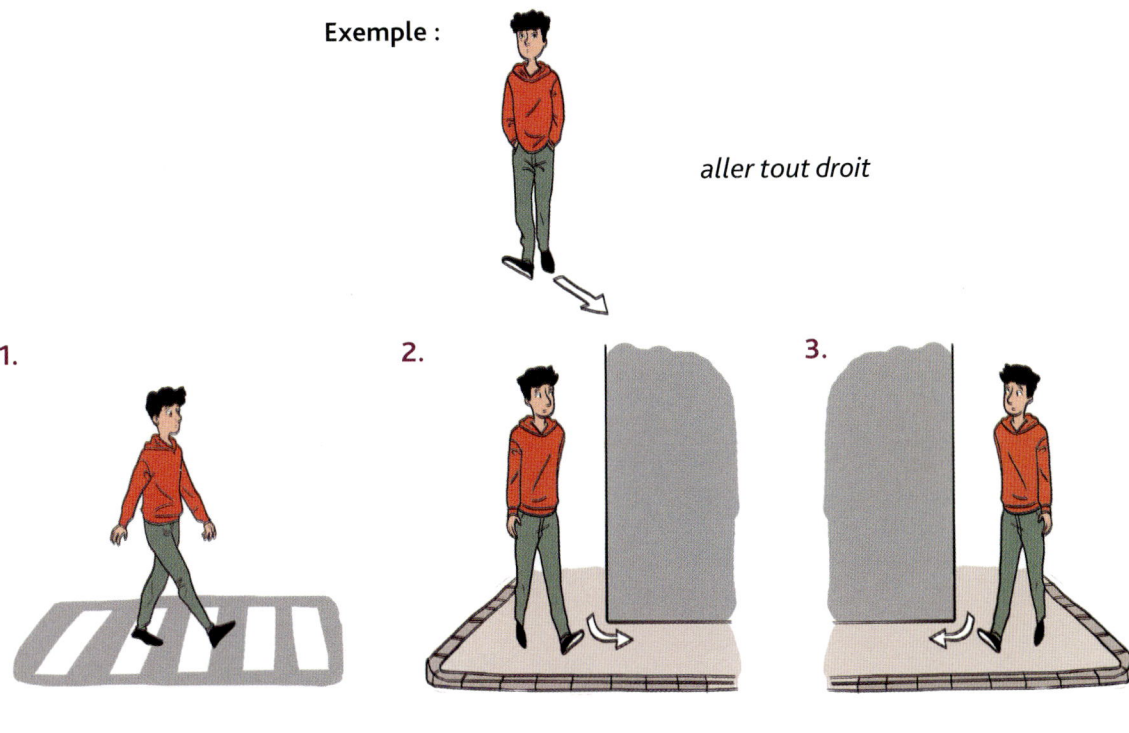

Exemple : aller tout droit

1. ....
2. ....
3. ....

▬ Se repérer avec un plan

Activité 11
Placez les numéros aux bons endroits sur le plan.

❶ rue Silly – ❷ rue Barthes – ❸ boulevard Saint-Jacques –
❹ avenue du Tilleul – ❺ place des Fleurs – ❻ place François.

NOTRE UNIVERSITÉ TRAVAILLE AVEC LA LIBRAIRIE « AUX GRANDS LIVRES ». LA LIBRAIRIE OFFRE 20 % DE RÉDUCTION SUR LES LIVRES À NOS ÉTUDIANTS.

La librairie est à 10 minutes à pied de l'université. Sortez de l'université et prenez la rue Barthes. Tournez à gauche sur l'avenue du Tilleul. Vous arrivez place François. Prenez le boulevard Saint-Jacques et tournez dans la rue Silly. Vous traversez la place des Fleurs et vous continuez tout droit. La librairie est à gauche !

– 20 %

SE PRÉPARER

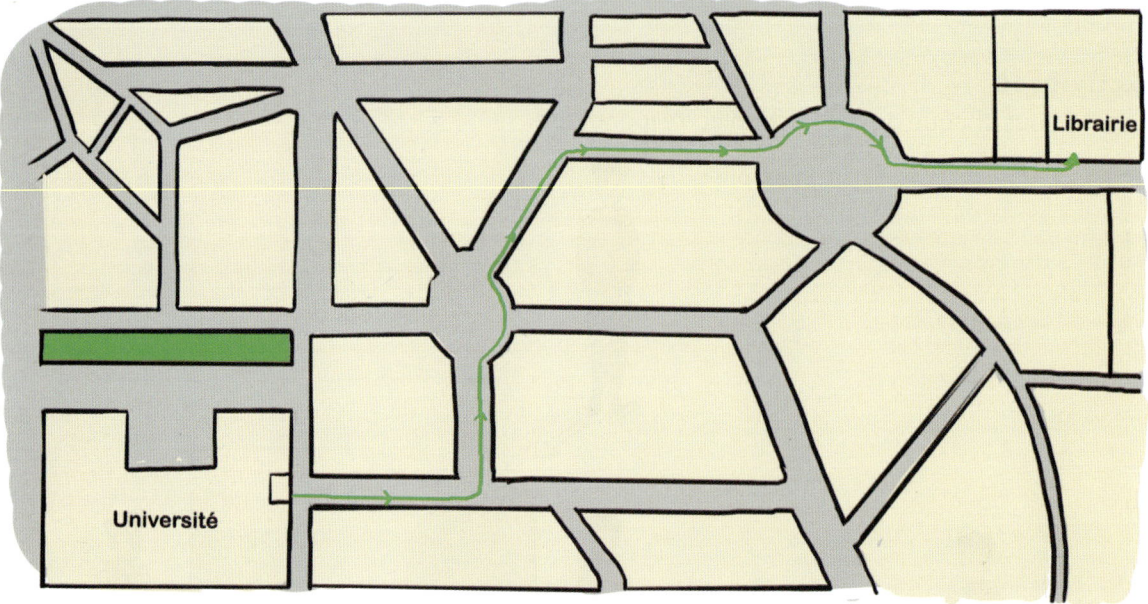

Activité 12

Vous allez au musée pour l'anniversaire de Marc. Voici son invitation :

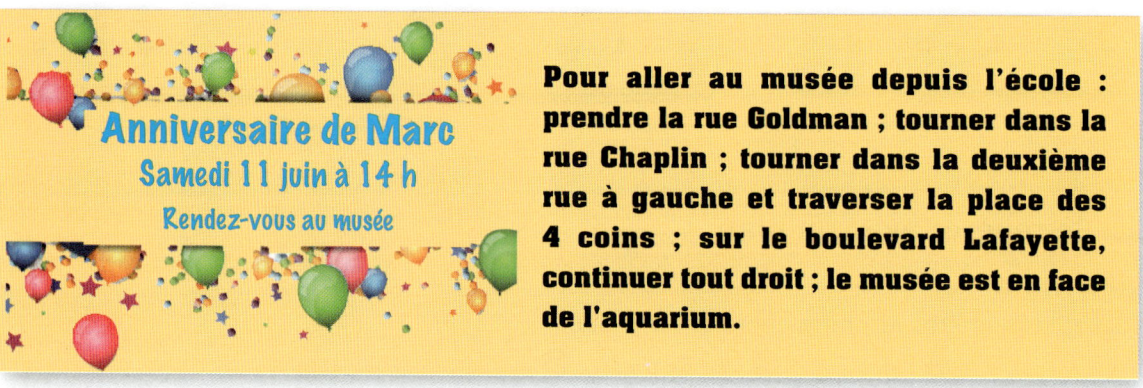

Pour aller au musée depuis l'école : prendre la rue Goldman ; tourner dans la rue Chaplin ; tourner dans la deuxième rue à gauche et traverser la place des 4 coins ; sur le boulevard Lafayette, continuer tout droit ; le musée est en face de l'aquarium.

Dessinez sur le plan le chemin pour aller de l'école au musée.

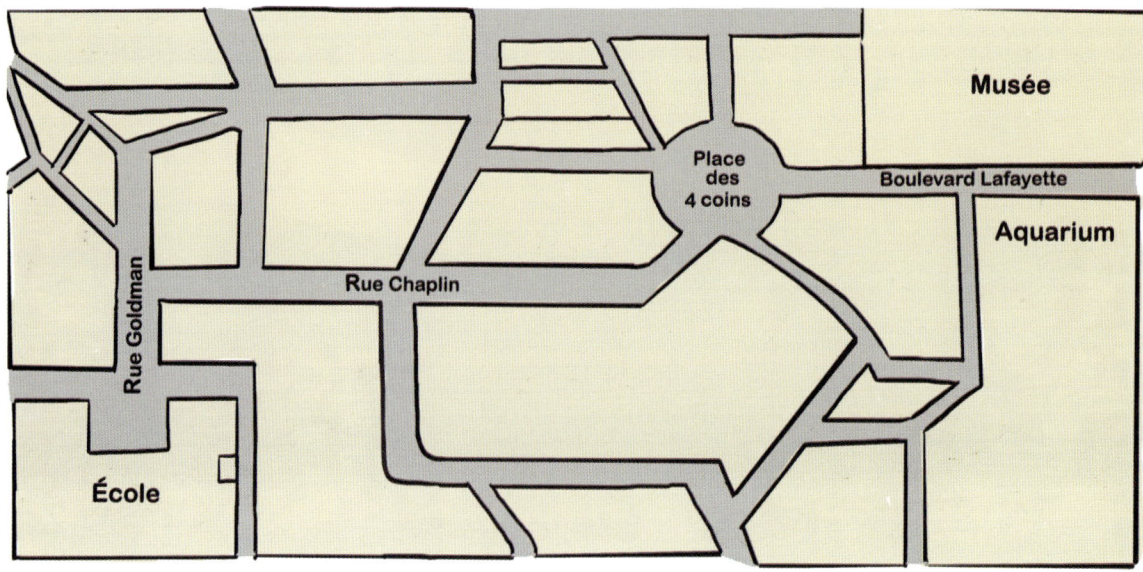

compréhension des écrits

3 Lire pour s'orienter dans le temps

Repérer une identification temporelle

Activité 13
Classez par ordre chronologique les expressions suivantes.

a - après-midi – soirée – midi – matin – minuit

....

b - aujourd'hui – avant-hier – demain – hier – après-demain

....

c - mardi matin – jeudi – vendredi matin – jeudi soir – vendredi midi – lundi soir – week-end

....

Activité 14
Vous arrivez dans votre nouvelle école en France. Voici votre emploi du temps.

	lundi	mardi	mercredi	jeudi	vendredi
8 h 00 – 9 h 00	Français	Espagnol	Sport	Espagnol	Mathématiques
9 h 00 – 10 h 00		Mathématiques		Français	
10 h 00 – 10 h 15	Récréation	Récréation	Récréation	Récréation	Récréation
10 h 15 – 11 h 15	Mathématiques	Libre	Sciences	Dessin	Espagnol
11 h 15 – 12 h 15	Histoire	Français	Histoire	Géographie	Français
13 h 30 – 14 h 30	Histoire	Géographie	Libre	Informatique	Sport
14 h 30 – 15 h 30	Sciences	Anglais		Libre	
15 h 30 – 15 h 45	Récréation	Récréation		Récréation	Récréation
15 h 45 – 16 h 45	Anglais	Anglais		Musique	Sciences

SE PRÉPARER

Répondez aux questions en cochant les bonnes réponses. Attention, il y a parfois plusieurs réponses possibles.

1 - Quels jours sont les cours d'espagnol ?
☐ Lundi. ☐ Mardi. ☐ Mercredi. ☐ Jeudi. ☐ Vendredi.

2 - Quelles matières est-ce que vous avez lundi après-midi ?
☐ Anglais. ☐ Histoire. ☐ Français. ☐ Sciences. ☐ Mathématiques.

3 - Vous devez prendre rendez-vous avec le professeur d'histoire avant mercredi. Quel jour et quel horaire est-ce que vous lui proposez ?
a. ☐ Lundi de 10 h 00 à 10 h 15.
b. ☐ Mardi de 10 h 15 à 11 h 15.
c. ☐ Mercredi de 13 h 30 à 14 h 30.

4 - Le vendredi, quand est-ce que vous faites du sport ?
a. ☐ Le matin. **b.** ☐ Le midi. **c.** ☐ L'après-midi.

5 - Vous devez faire votre devoir de mathématiques. C'est mardi après-midi et votre professeur veut le devoir vendredi à 8 h. Quand pouvez-vous travailler sur votre devoir ?
a. ☐ Mardi après-midi. **b.** ☐ Mercredi après-midi. **c.** ☐ Jeudi matin.

▬ Comprendre une annonce

Activité 15
Pour chaque personne, indiquez l'annonce qui correspond.

Annonce 1
Recherche des cours d'informatique
Disponible le soir après 19 h.
Début des cours le plus tôt possible.
Tél. : 06.15.48.30.00

Annonce 2
Cours de guitare
Professeur de musique disponible
pour cours de guitare.
Tarif : 10 € par heure.
Contact : jose.martinez@mel.fr

Annonce 3
Cours de phonétique
Je parle un peu français. Je voudrais travailler la phonétique. Si possible, je voudrais parler avec un francophone.
Vous pouvez me contacter par courriel :
melissa.mcdowell@mel.fr

Annonce 4
Recherchons cours d'espagnol
pour notre fils de 17 ans. Il prépare son examen d'espagnol pour le baccalauréat.
Disponible 2 à 3 heures par semaine.
Téléphone : 04.93.44.23.07

Annonce 5
Cherche professeur de guitare
J'ai une guitare. Je suis disponible
les mercredis et les samedis.
Appelez-moi au 03.20.56.81.21

compréhension des écrits

« Je suis Sandra et j'adore la guitare. Je ne sais pas jouer de la guitare, alors mes parents veulent me payer des cours. »

« Je m'appelle Valeria et je suis mexicaine. J'étudie en France. Je veux donner des cours d'espagnol pour gagner un peu d'argent. Je suis disponible entre 5 et 7 heures par semaine. »

« Je suis Mathieu. Je suis étudiant en informatique. Je suis disponible tous les jours à partir de 15 h. Je veux donner des cours pour gagner de l'argent. »

A. Annonce n° … **B.** Annonce n° … **C.** Annonce n° …

« Olivier, jeune Français. Je voudrais rencontrer des personnes d'autres nationalités. J'aime parler, manger et marcher. J'aime aussi apprendre les langues étrangères. »

« Je m'appelle André. Je donne des cours de guitare. C'est un loisir. J'adore la musique. Je suis mécanicien. »

D. Annonce n° … **E.** Annonce n° …

SE PRÉPARER

▬ Sélectionner une annonce

Activité 16

Vous êtes dans une école en Suisse. Vous lisez ces annonces sur un tableau.

Répondez aux questions.

1 - Vous êtes disponible tous les jours à partir de 17 h. Quelle activité est-ce que vous pouvez choisir ?
a. ☐ Cinéma. **b.** ☐ Théâtre. **c.** ☐ Football.

2 - Vous avez 5 €. Quelles activités est-ce que vous pouvez faire ?
a. ☐ Dessin, danse et football. **b.** ☐ Danse, football et théâtre. **c.** ☐ Football, cinéma et théâtre.

3 - Quelles activités sont gratuites ?
a. ☐ Dessin et danse. **b.** ☐ Danse et football. **c.** ☐ Football et dessin.

4 - Quelles activités est-ce que vous pouvez faire 2 fois par semaine ?
a. ☐ Dessin et danse. **b.** ☐ Danse et théâtre. **c.** ☐ Théâtre et football.

5 - Qu'est-ce que vous pouvez faire le mercredi après-midi ?
a. ☐ Danse et dessin. **b.** ☐ Football et danse. **c.** ☐ Dessin et football.

6 - Le jeudi après-midi, vous êtes près de la bibliothèque.
Quelle activité est-ce que vous pouvez faire ?
a. ☐ Danse. **b.** ☐ Dessin. **c.** ☐ Cinéma.

compréhension des écrits

Activité 17
Vous êtes en France pour étudier. Vous cherchez une activité dans votre école.
Vous lisez ces annonces à l'entrée de l'école.

Annonce 1 Besoin d'aide à la cantine ! Recherchons un serveur pour vendredi. De 12 h à 13 h. Merci !	**Annonce 2** Tu aimes lire ? Viens travailler avec notre bibliothécaire, Samia ! Les lundis et les mardis, de 17 h à 18 h.	**Annonce 3** Notre école va à la plage samedi avec les jeunes élèves. Viens avec nous pour jouer avec les élèves ! Responsable : Mathieu.
Annonce 4 La direction a beaucoup de papiers et de documents à ranger. Si tu es disponible pour aider, viens mardi à 16 h !	**Annonce 5** Jérôme, le professeur de sport, cherche un(e) élève pour préparer les ballons de basketball avant le match. Vendredi, de 15 h à 17 h.	

Répondez aux questions.

1 - Vous êtes disponible mardi à partir de 16 h. Où est-ce que vous pouvez aller ?
a. ☐ À la cantine.
b. ☐ À la salle de sport.
c. ☐ Au bureau de la direction.

2 - Vous voulez une activité vendredi midi. Qu'est-ce que vous pouvez faire ?
a. ☐ Servir des repas.
b. ☐ Préparer les ballons.
c. ☐ Ranger des documents.

3 - Quel jour est-ce que vous pouvez faire des jeux ?
a. ☐ Mardi.
b. ☐ Vendredi.
c. ☐ Samedi.

4 - Le travail à la bibliothèque, c'est…
a. ☐ de 12 h à 13 h.
b. ☐ de 15 h à 17 h.
c. ☐ de 17 h à 18 h.

5 - Vous aimez le sport. Qui devez-vous contacter ?
a. ☐ Samia.
b. ☐ Jérôme.
c. ☐ Mathieu.

SE PRÉPARER

4 Lire pour s'informer

Comprendre des activités scolaires

Activité 18

Complétez le texte avec les expressions ci-dessous. Pensez à conjuguer les verbes.

mathématiques – faire ses devoirs – professeur d'histoire – aller à l'école – anglais.

Je .... du lundi au vendredi. Mes matières préférées sont les .... et l'...................... . Avec notre ...., nous allons au musée pour apprendre l'histoire de l'Homme. Et le soir, je ....

Repérer des informations importantes

Activité 19

Lisez les textes suivants et répondez aux questions.

Texte 1

> Mercredi 15 novembre
>
> Madame, Monsieur,
>
> Votre fils arrive en retard tous les matins. Le directeur de l'école vous demande un rendez-vous cette semaine.
>
> Je vous demande de m'appeler au 03.21.55.48.06.
>
> La secrétaire

1 - Qui écrit ce message ?

a. ☐ Le directeur de l'école.
b. ☐ Le professeur de l'enfant.
c. ☐ La secrétaire du directeur.

2 - Quel est le problème ?

a. ☐ L'enfant est en retard aujourd'hui.
b. ☐ L'enfant est en retard tous les jours.
c. ☐ L'enfant est en retard tous les après-midis.

3 - Cochez le jour où il est possible d'avoir le rendez-vous.

a. ☐ Lundi 13 novembre.
b. ☐ Jeudi 16 novembre.
c. ☐ Mercredi 22 novembre.

Texte 2

> Rendez-vous le 21 juin pour la fête de fin d'année de l'école. Les élèves de dernière année proposent un spectacle. C'est la comédie musicale *Notre-Dame de Paris*. Pour avoir des billets, les parents d'élèves doivent écrire au professeur de musique. Il faut aussi installer des tables avec de la nourriture et des boissons dans la salle de sport. Les élèves des premières années peuvent travailler le matin avec le professeur de sport pour mettre les tables et la décoration.

1 - Qu'est-ce qu'il y a le 21 juin ?
a. ☐ La réunion des parents d'élèves.
b. ☐ Un spectacle de la ville pour les élèves.
c. ☐ La fête de l'école pour les élèves et les parents.

2 - Comment est-ce qu'il faut faire pour aller à l'événement ?
a. ☐ Téléphoner à l'école avant le 21 juin.
b. ☐ Envoyer un message au professeur de musique.
c. ☐ Voir le professeur de sport le matin de l'événement.

3 - Qui va préparer la salle ?
a. ☐ Les élèves de dernière année.
b. ☐ Les élèves des premières années.
c. ☐ Les parents d'élèves et les professeurs.

Activité 20
Lisez l'article.

Est-ce que tu écris de la main droite ou de la main gauche ?

> Le 13 août, c'est la journée internationale des personnes qui écrivent de la main gauche (on appelle ces personnes des « gauchers »). Aujourd'hui, les gauchers sont bienvenus dans la société comme les droitiers (les personnes qui écrivent de la main droite). Des analyses scientifiques montrent que les droitiers travaillent beaucoup la pensée et le langage. Les gauchers travaillent plutôt l'espace, les objets et la vitesse. C'est pour cela que beaucoup de sportifs et d'artistes sont gauchers. Il existe des objets pour les gauchers à l'école : taille-crayon, ciseaux et stylos. La vie est plus simple aujourd'hui pour les gauchers à l'école !

1 - Soulignez les informations importantes (elles permettent de comprendre la thématique).
2 - Quels mots est-ce que vous cherchez dans le dictionnaire pour vous aider ?

SE PRÉPARER

▬ Comprendre un texte informatif court

Activité 21

Vous lisez cette affiche à l'entrée de l'école.

VOYAGE DE FIN D'ANNÉE SCOLAIRE

Pour la fin de l'année scolaire, nous invitons les élèves à un grand voyage : Rome en Italie. Départ le 23 juin à 18 h. Durée du voyage : 18 heures en autobus. Retour le 30 juin à 10 h. Les inscriptions sont ouvertes du 15 mars au 10 avril. Nous organisons des visites de musées et de monuments. Nous cherchons des familles à Rome pour l'accueil de nos élèves. Pour plus d'informations, vous pouvez contacter M. Uderzo.

Le directeur

Répondez aux questions.

1 - Il s'agit d'un voyage pour…

a. ☐ les élèves.
b. ☐ les professeurs.
c. ☐ les parents d'élèves.

2 - Quand commence le voyage ?

a. ☐ Le 10 avril.   **b.** ☐ Le 23 juin.   **c.** ☐ Le 30 juin.

3 - Quel est le moyen de transport utilisé ?

A. ☐

B. ☐

C. ☐

4 - Qu'est-ce que les voyageurs vont faire ?

a. ☐ Découvrir des écoles.

b. ☐ Visiter des lieux culturels.

c. ☐ Voyager dans tout le pays.

5 - Où est-ce que les voyageurs vont dormir ?

a. ☐ À l'hôtel.

b. ☐ Chez des familles.

c. ☐ Dans les chambres d'une école.

S'ENTRAÎNER

1 Suivre des instructions simples

Exercice 1 (6 points)

- Dans cet exercice, vous devez comprendre un court texte écrit. Dans le texte, il y a des instructions simples.
- L'épreuve de compréhension des écrits dure 30 minutes. Vous pouvez faire cet exercice pendant environ 5 à 7 minutes.
- Il y a 5 questions avec trois choix de réponse. Il faut cocher la bonne réponse.
- Lisez bien la consigne pour comprendre la situation. Lisez ensuite les questions pour faciliter la compréhension du texte. Puis, lisez le texte.

Vous recevez ce courriel de Manon.

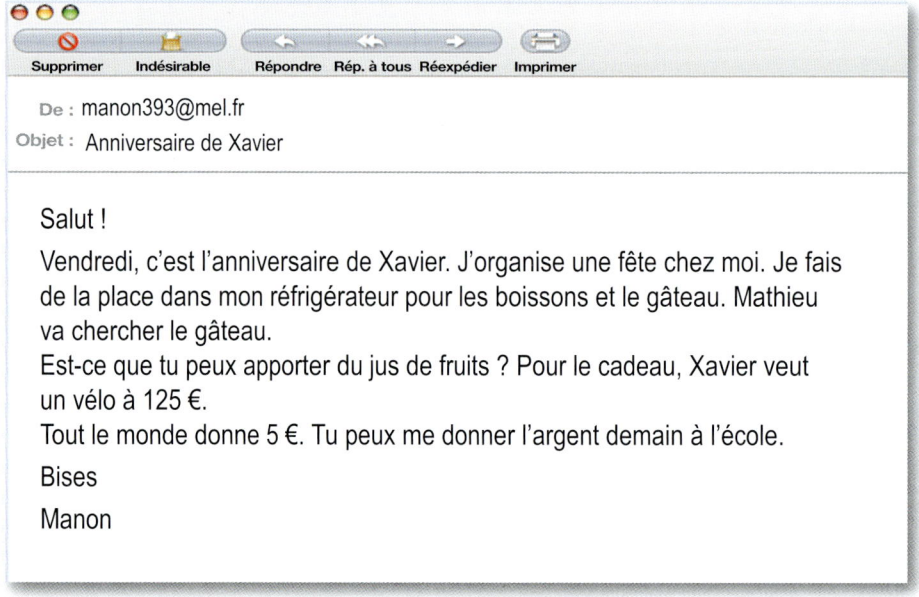

Répondez aux questions.

1 - La fête est chez… (1 point)

a. ☐ Xavier.
b. ☒ Manon.
c. ☐ Mathieu.

- Quand vous lisez le texte, vous pouvez souligner les informations importantes. Dans le texte, il y a plusieurs prénoms. Vous pouvez écrire sur votre feuille de brouillon :
Xavier : c'est son anniversaire / Mathieu : gâteau / Manon : « j'organise une fête chez moi. »

compréhension des écrits

2 - Où est-ce que vous allez mettre les boissons et le gâteau ? `1,5 point`

A. ☐

B. ☒

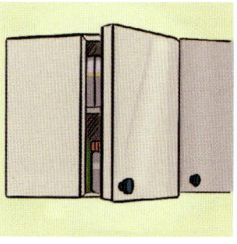
C. ☐

▶ Pendant la lecture des questions, vous pouvez écrire sur votre brouillon le nom de chaque objet dessiné. Ici, il y a « table », « réfrigérateur » et « placard ». Quand vous lisez le texte, vous allez repérer plus facilement les réponses possibles.

3 - Qu'est-ce que vous devez apporter ? `1,5 point`

A. ☐

B. ☐

C. ☒

▶ N'oubliez pas : vous devez cocher une seule réponse avec une croix.

4 - Vous devez donner combien d'argent pour le cadeau ? `1 point`

a. ☒ 5 €.
b. ☐ 25 €.
c. ☐ 125 €.

▶ Dans cet exercice, il y a toujours une question sur une information chiffrée. Entourez tous les chiffres du texte, relisez la question et cochez.

5 - Quand est-ce que vous devez donner l'argent ? `1 point`

a. ☐ Aujourd'hui.
b. ☒ Demain.
c. ☐ Vendredi.

▶ Quand vous lisez les questions, repérez les mots interrogatifs.
Quand = date, moment / Où = lieu / Combien = information chiffrée / Qui = personne.

JE RETIENS

▶ Je lis d'abord la consigne, ensuite les questions et le texte plusieurs fois.
▶ Je calcule bien mon temps : j'ai environ 5 à 7 minutes pour faire l'exercice.
▶ Je vérifie mes réponses.

S'ENTRAÎNER

Exercice 2 (6 points)

Vous arrivez en France pour étudier. Votre école vous donne ce document.

BIENVENUE À L'ÉCOLE DUJARDIN

Pour avoir une inscription valable, vous devez montrer à Mme Dumont votre carte de résidence en France. Mme Dumont est au bureau 206.

Le matériel scolaire est disponible au bureau 426. N'oubliez pas votre pièce d'identité !

La réunion avec les professeurs est mercredi à 9 h. Vous allez avoir le programme de l'année.

Merci de donner ce document à vos parents.

Bonne année scolaire.

M. Page, le directeur

Répondez aux questions.

1 - Comment s'appelle l'école ? (1 point)

a. ☐ Page. b. ☐ Dumont. c. ☐ Dujardin.

2 - Qu'est-ce que vous devez donner pour la validité de votre inscription ? (1,5 point)

 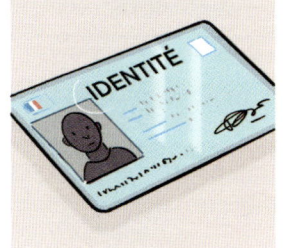 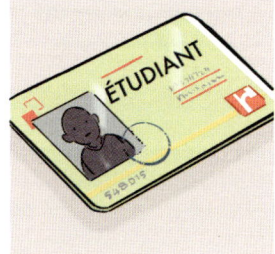

A. ☐ B. ☐ C. ☐

3 - Dans quel bureau est-ce que vous devez aller pour votre matériel ? (1 point)

a. ☐ 206. b. ☐ 426. c. ☐ 906.

4 - Qu'est-ce qu'on va vous donner à la réunion de mercredi ? (1,5 point)

A. ☐ B. ☐ C. ☐

5 - À qui est-ce que vous devez donner le papier ? (1 point)

a. ☐ À personne. b. ☐ À vos parents. c. ☐ À vos professeurs.

compréhension des écrits

2 Lire pour s'orienter dans l'espace

Exercice 3 **6 points**

- Dans cet exercice, vous devez comprendre un court message écrit. Dans le texte, il y a des informations pour s'orienter dans l'espace.
- L'épreuve de compréhension des écrits dure 30 minutes. Vous pouvez faire cet exercice pendant environ 5 à 7 minutes.
- Il y a 5 questions avec trois choix de réponse. Pour 4 questions, les trois choix sont rédigés. Pour 1 question, il y a 3 plans identiques avec des itinéraires différents. Il faut cocher la bonne réponse.
- Vous trouvez une consigne avec la situation.
  Situation = voyage à Paris avec votre école ; le message est de votre professeur de français.

Vous partez en voyage scolaire à Paris. Votre professeur de français vous envoie un courriel.

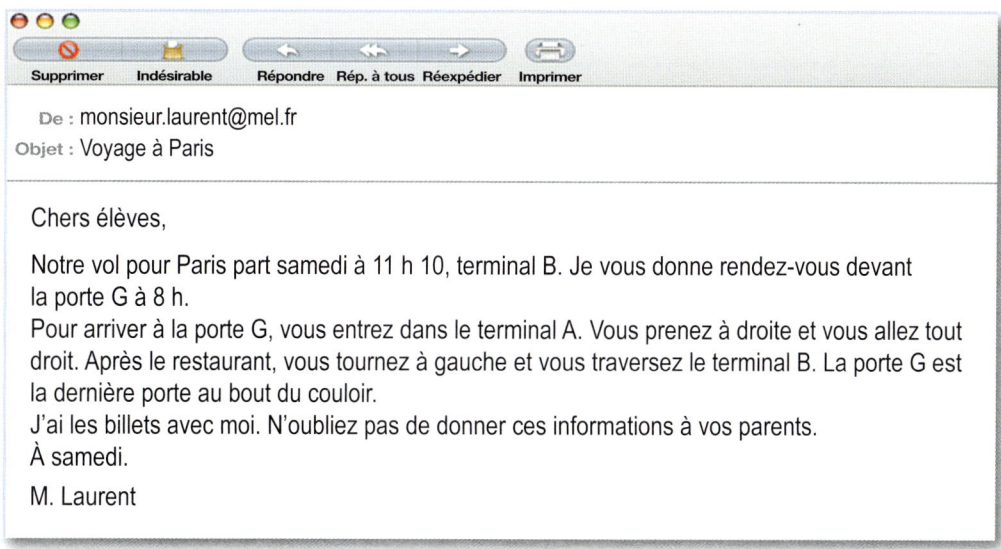

- Lisez le texte plusieurs fois. La première fois, vous lisez le texte pour comprendre les informations principales. La deuxième fois, vous soulignez les mots importants.

Répondez aux questions.

1 - Dans quel terminal est la porte G ?   **1 point**
a. ☐ Terminal A.
b. ☒ Terminal B.
c. ☐ Terminal C.

- Les mots de la question sont dans le texte : « terminal », « porte ». Repérez ces mots dans le texte pour trouver la réponse.

S'ENTRAÎNER

2 - À quelle heure est-ce que vous devez aller à l'aéroport ? `1 point`

a. ☒ À 8 h. **b.** ☐ À 9 h. **c.** ☐ À 11 h.

▸ « À quelle heure ? » = la réponse est une information chiffrée.

3 - Quel est le chemin pour aller de l'entrée de l'aéroport à la porte G ? `2 points`

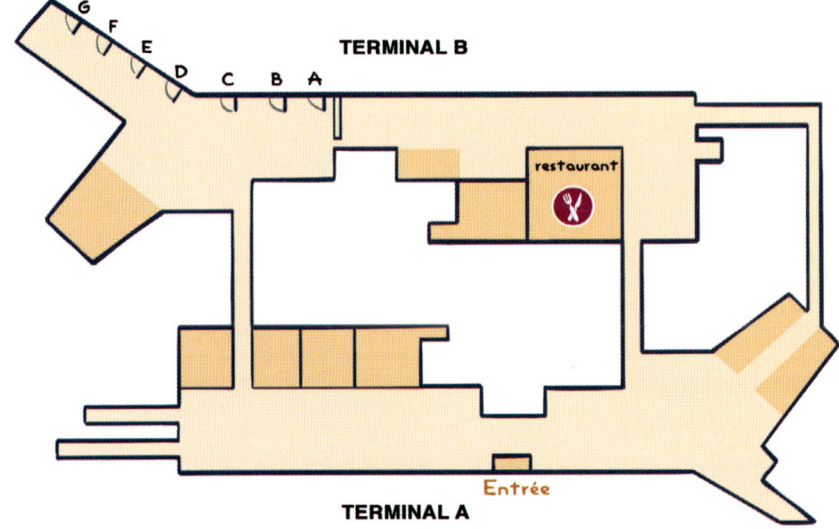

▸ Lisez le descriptif du chemin dans le texte et avec votre stylo, tracez le chemin sur le plan. Imaginez-vous à l'intérieur de l'aéroport pour comprendre facilement les directions « tout droit » et « gauche ».

4 - Qui a les billets d'avion ? `1 point`

a. ☐ Les élèves.
b. ☐ Les parents.
c. ☒ Le professeur.

▸ Cherchez le mot « billets » dans le texte et les personnes (« Qui ? »).

5 - À qui est-ce que vous devez donner les informations ? `1 point`

a. ☒ À vos parents.
b. ☐ Aux autres élèves.
c. ☐ À votre professeur.

▸ Lisez les questions plusieurs fois. La première fois, vous lisez les questions avant de lire le texte. La deuxième fois, vous lisez les questions après le texte pour écrire vos réponses.
▸ Les questions sont dans l'ordre du texte.

JE RETIENS

▸ Je lis plusieurs fois le texte.
▸ Je suis le chemin sur le plan avec mon stylo pendant que je lis le texte.
▸ Je coche une seule réponse.

compréhension des écrits

Exercice 4 (6 points)

Vous allez dans une famille d'accueil à Paris, en France. Le premier jour, la mère de la famille vous laisse un message sur la table. Elle vous donne des informations pour découvrir la ville.

> Tu peux aller dans le quartier de Montmartre. C'est au nord de Paris. Montmartre est dans le 18e arrondissement, près du 17e. Prends la ligne 2 du métro et descends à Anvers.
>
> À la sortie du métro, tourne à droite et va tout droit. À la place Saint-Pierre, tourne à gauche puis à droite, rue des Trois-Frères. Il y a une petite rue à gauche, tourne et continue tout droit. Tu arrives au mur des « Je t'aime ».
>
> C'est un mur avec l'expression « Je t'aime » dans 250 langues.
> Et il y a des cartes postales pour ta famille dans la boutique du mur.

Répondez aux questions.

1 - Montmartre est… (1 point)
a. ☐ une ville.
b. ☐ un quartier de Paris.
c. ☐ un arrondissement de Paris.

2 - Quelle est la station de métro pour aller à Montmartre ? (1 point)
a. ☐ Anvers.
b. ☐ Saint-Pierre.
c. ☐ Montmartre.

3 - Quel est le chemin pour aller du métro au mur ? (2 points)

A. ☐

S'ENTRAÎNER

B. ☐

C. ☐

4 - Sur le mur, « Je t'aime » est dans combien de langues ? `1 point`
a. ☐ 18.
b. ☐ 50.
c. ☐ 250.

5 - Qu'est-ce que vous pouvez acheter ? `1 point`
a. ☐ Des souvenirs.
b. ☐ Des photos du mur.
c. ☐ Des cartes postales.

compréhension des écrits

3 Lire pour s'orienter dans le temps

Exercice 5 *6 points*

> ▸ Dans cet exercice, vous devez comprendre 5 courts textes. Ce sont des annonces, des messages, des programmes, etc. Les textes donnent des informations simples.
> ▸ L'épreuve de compréhension des écrits dure 30 minutes. Vous pouvez faire cet exercice pendant environ 5 à 7 minutes.
> ▸ Il y a 5 questions avec trois choix de réponse. 2 questions portent sur une information chiffrée.

Vous visitez une université au Québec. Vous lisez ces indications à l'entrée.

Rencontre des professeurs
Du lundi au jeudi
de 14 h à 16 h.
Salle 312 au 1er étage.

Visite des salles
Départ de la visite à l'entrée
toutes les 30 minutes.
Visites organisées par le
personnel de l'université.

Visite de la bibliothèque
Bibliothèque ouverte
toute la journée.
Les étudiants font la visite
de ce lieu.

Inscriptions
Pour avoir le dossier
d'inscription, allez sur le site
internet de l'université.

Informations
Pour plus d'informations,
contactez
infos@univ.quebec ou
allez dans la salle 01.

▸ Lisez les 5 textes et soulignez les informations importantes.

▸ Utilisez votre feuille de brouillon. Notez les informations principales (écrire les informations permet de comprendre plus facilement).
Exemple : Professeurs = du lundi au jeudi de 14 h à 16 h ; salle 312
Inscriptions = site internet
Visite des salles = toutes les 30 minutes ; personnel de l'université
Visite de la bibliothèque = étudiants
Informations = salle 01

S'ENTRAÎNER

Répondez aux questions.

1 - Qui fait les visites des salles de l'université ? `1 point`
- **a.** ☒ Le personnel de l'université.
- **b.** ☐ Les étudiants de l'université.
- **c.** ☐ Les professeurs de l'université.

▶ Repérez l'information principale de la question (« visites des salles ») pour trouver le texte correspondant.

2 - Dans quelle salle est-ce que vous allez pour obtenir des informations ? `1,5 point`
- **a.** ☒ 01.
- **b.** ☐ 30.
- **c.** ☐ 312.

▶ Lisez attentivement les 5 textes. Ils sont courts et les informations sont nombreuses.
▶ Vous pouvez cocher vos réponses au crayon pendant votre première lecture des textes. Ensuite, cochez vos réponses définitives au stylo.

3 - À quelle heure est-ce que vous pouvez parler à un professeur ? `1,5 point`
- **a.** ☐ À 10 h 30.
- **b.** ☒ À 14 h 30.
- **c.** ☐ À 16 h 30.

4 - Vous voulez vous inscrire. Qu'est-ce que vous devez faire ? `1 point`
- **a.** ☒ Aller sur le site internet.
- **b.** ☐ Contacter info@univ.quebec.
- **c.** ☐ Rencontrer le personnel de l'université.

5 - Quand est-ce que vous pouvez visiter la bibliothèque ? `1 point`
- **a.** ☐ Le matin.
- **b.** ☐ L'après-midi.
- **c.** ☒ Le matin et l'après-midi.

▶ Il y a 5 textes et 5 questions. Il y a donc 1 question par texte. Vérifiez vos réponses en vous assurant de trouver une réponse par texte.

JE RETIENS

▶ **Je repère l'élément principal de la question** pour trouver le texte correspondant.
▶ **Je lis plusieurs fois les textes et je souligne les informations principales.**
▶ **Je coche mes réponses définitives au stylo.**

Je lis attentivement les consignes !

compréhension des écrits

Exercice 6

6 points

Vous voulez préparer votre examen DELF. Vous lisez ces annonces dans votre centre de langues.

Cours de conversation
Pour travailler votre oral en français, rendez-vous tous les jeudis de 16 h à 18 h.

Préparation au DALF
Préparez votre examen DALF C1 et DALF C2 avec Thomas tous les lundis et mardis de 18 h à 19 h.

Ateliers de préparation DELF
Chantal vous donne rendez-vous le mercredi de 16 h à 20 h pour préparer les épreuves du DELF A1 et A2.

Ateliers DELF B1 et B2
Tous les vendredis matin avec nos professeurs Sylvie et Arnaud.

DELF - DALF
Pour les examens : inscriptions au bureau 13.
Pour les ateliers : inscriptions au bureau 15.

Répondez aux questions.

1 - Qu'est-ce que vous pouvez faire le jeudi ? **(1 point)**
a. ☐ Travailler l'expression orale en français.
b. ☐ Préparer les épreuves des examens du DALF.
c. ☐ Participer aux ateliers de préparation du DELF.

2 - À quelle heure commence l'atelier de préparation au DALF ? **(1,5 point)**
a. ☐ À 16 h.
b. ☐ À 18 h.
c. ☐ À 19 h.

3 - Qui est le professeur de l'atelier du mercredi ? **(1 point)**
a. ☐ Sylvie.
b. ☐ Chantal.
c. ☐ Thomas.

4 - Pour vous préparer au DELF A1, vous devez être disponible le… **(1 point)**
a. ☐ mercredi matin.
b. ☐ mercredi après-midi.
c. ☐ vendredi matin.

5 - À quel bureau est-ce que vous allez pour vous inscrire aux ateliers ? **(1,5 point)**
a. ☐ 13.
b. ☐ 15.
c. ☐ 20.

S'ENTRAÎNER

4 Lire pour s'informer

Exercice 7 *(7 points)*

▸ Dans cet exercice, vous devez comprendre un court texte. Le texte donne des informations simples.
▸ L'épreuve de compréhension des écrits dure 30 minutes. Vous pouvez faire cet exercice pendant environ 5 à 7 minutes.
▸ Il y a 5 questions avec trois choix de réponse. Il y a 4 questions avec des choix écrits et 1 question avec des choix imagés.

Vous êtes à l'école en France. À l'entrée de votre salle, vous lisez cette annonce.

VENDREDI 13 OCTOBRE – Journée des métiers

Invitez vos parents dans votre classe. Chaque parent peut présenter son métier. Pour cette première journée des métiers, le nombre de places est limité. Il y a 10 places. Pour vous inscrire, indiquez à votre professeur, M. Renaud, votre prénom, le prénom et le métier de votre parent. Merci d'écrire cette annonce dans votre cahier.
Deuxième journée des métiers le vendredi 10 novembre.

Le directeur, M. Dupoux.

▸ Si vous ne comprenez pas tous les mots, ce n'est pas grave. Essayez de comprendre les informations principales.
▸ À côté de chaque question, il y a les points. Dans cet exercice sur 7 points, il y a une question à 2 points et des questions à 1,5 point ou à 1 point.

Répondez aux questions.

1 - Cette annonce est pour… *(1,5 point)*
a. ☒ les élèves.
b. ☐ les professeurs.
c. ☐ les parents d'élèves.

▸ Repérez dans le texte les personnes : les parents, le professeur M. Renaud et le directeur M. Dupoux.
▸ L'impératif dans le texte (« invitez », « indiquez ») montre que l'information est pour vous.

2 - Qu'est-ce que les parents vont faire dans la classe ? *(1 point)*
a. ☐ Présenter leur famille.
b. ☒ Parler de leur profession.
c. ☐ Donner des cahiers aux élèves.

compréhension des écrits

3 - Qu'est-ce que vous devez faire pour inscrire vos parents ? `1,5 point`
a. ☐ Acheter des billets au professeur, M. Renaud.
b. ☒ Donner mon prénom et le prénom de mon parent.
c. ☐ Écrire une annonce avec le nom et le prénom de mon parent.

▸ Lisez attentivement les verbes au début des choix. Vous pouvez éliminer rapidement le choix avec le verbe « acheter » parce que le texte ne parle pas de réaliser un achat.

4 - Sur quoi est-ce que vous devez écrire l'annonce ? `2 points`

A. ☐

B. ☐

C. ☒

5 - La première journée des métiers, c'est quand ? `1 point`
a. ☒ Vendredi 13 octobre.
b. ☐ Vendredi 10 novembre.
c. ☐ Vendredi 6 décembre.

JE RETIENS

▸ Je repère toutes les informations du texte ; je peux les souligner.
▸ Je lis attentivement les choix et j'élimine les mauvaises réponses en lisant plusieurs fois le texte.
▸ Je cherche les informations principales du texte et je repère les détails comme les chiffres.

S'ENTRAÎNER

Exercice 8 `7 points`

Vous êtes à l'école en France. Votre professeur vous donne un papier.

> Chers parents,
>
> Le spectacle d'hiver est le samedi 23 décembre. Il commence à 15 h 30. Les élèves doivent arriver à 14 h 30. Je vous rappelle que chaque parent doit apporter un gâteau. Après le spectacle, nous allons ouvrir le restaurant de l'école pour manger. Des chansons, des danses et des jeux sont au programme, alors venez avec toute la famille. Si vous souhaitez nous aider pour les vêtements, merci de venir le vendredi 22 décembre après-midi.
>
> Le directeur

Répondez aux questions.

1 - Pour qui est le papier ? `1 point`
a. ☐ Les élèves.
b. ☐ Les parents.
c. ☐ Les professeurs.

2 - À quelle heure les élèves ont rendez-vous à l'école ? `1 point`
a. ☐ À 13 h 30.
b. ☐ À 14 h 30.
c. ☐ À 15 h 30.

3 - Qu'est-ce que les parents doivent apporter ? `2 points`

A. ☐   B. ☐

C. ☐

compréhension des écrits

4 - Où est-ce que vous allez manger ? *(1,5 point)*
a. ☐ Dans le jardin de l'école.
b. ☐ Dans la salle de spectacle.
c. ☐ Dans le restaurant de l'école.

5 - Le directeur demande de venir avec… *(1,5 point)*
a. ☐ les amis des élèves.
b. ☐ les membres de la famille.
c. ☐ les amis et la famille des élèves.

Prêt pour l'examen !

Communication

- Annoncer
- Commencer un message
- Demander de faire quelque chose
- Informer
- Inviter
- Préciser
- Prendre congé
- Proposer
- Remercier
- S'excuser
- Suivre un itinéraire

Socioculturel

◗ **Identifier un message informel et formel :**

Message informel :
je repère les mots « Salut ! », « Coucou ! », « À bientôt ! », « À demain ! », « À plus tard », « Bises », « Je t'embrasse »,…

Message formel :
je repère les mots « Monsieur », « Madame », « Sincères salutations », « Cordialement », « Bonne journée »

◗ **Comprendre un plan :**
r. = rue
bd = boulevard
av. = avenue

Grammaire

Les connecteurs logiques :
mais, pour, et, alors

Les prépositions de lieu

Les prépositions de temps

Le présent de l'indicatif des verbes *être, avoir, aller, faire, prendre, connaître, savoir, devoir, falloir, pouvoir, vouloir…*
et les verbes *aimer, arriver, chercher, demander, donner, habiter, parler, trouver*

L'impératif négatif

Vocabulaire

- Calendrier (journée)
- Horaires / Dates
- Fête
- École / Formation
- Repas / Aliments
- Ville

STRATÉGIES

1. Avant de lire un texte, je commence par lire la consigne puis je regarde sa forme et son titre.

2. Je souligne les chiffres, les dates et les mots clés.

3. Pour comprendre un mot, je regarde le contexte (la situation) et toute la phrase.

compréhension des écrits

POUR COMPRENDRE

Demander de faire quelque chose
- Passe au marché et achète des légumes.
- Merci de m'envoyer ces documents par courriel.
- Je vous demande de passer demain.
- Il faut apporter les trois dernières fiches de paie.

Informer
- Il y a un concert le 10 juin à 20 h devant l'Hôtel de Ville.

Suivre un itinéraire
- Prends la première à gauche, continue tout droit, tourne à droite. Puis prends la deuxième à droite.

Inviter
- Je t'invite à mon anniversaire.
- Est-ce que tu es disponible ?
- Tu veux venir avec nous au marché ?

Proposer
- Tu peux venir avec Camille.
- Tu es toujours d'accord pour le rendez-vous de 15 h ?
- On pourrait aller au cinéma ce soir.

Remercier
- Merci beaucoup pour les fleurs.

S'excuser
- Je suis désolé(e) pour le retard.

Se situer dans l'espace
- À
- En
- Dans
- Sur
- Sous
- Devant
- Derrière
- À côté de/près de/loin de/en face de
- Vers
- Par
- À gauche, à droite, dedans, dehors, en haut, en bas

Se situer dans le temps
- À
- Avant
- Après
- Pendant
- Dans

Journée
- Le jour
- Le matin
- La matinée
- Midi
- L'après-midi
- Le soir
- La soirée
- Minuit
- La nuit

Fête
- Une fête
- Un anniversaire
- Un gâteau
- Un cadeau
- Un ami
- Un mariage
- Une naissance
- Un jeu
- Un ballon

École et formation
- L'école
- L'université
- La bibliothèque
- La classe
- Le bâtiment
- La salle
- L'étudiant
- Le professeur
- L'inscription
- Le cours
- La conférence
- Un devoir
- Un exercice
- Un test
- Une note
- Un diplôme
- L'élève
- Le cahier
- Le stylo
- Le crayon
- Les mathématiques
- Les sciences
- L'histoire
- La géographie

Ville
- La ville
- Le centre-ville
- La banlieue
- Le quartier
- La mairie
- La préfecture
- La gare
- La station
- Le commissariat
- La poste
- L'hôpital
- La clinique
- La pharmacie
- Le marché
- La banque
- Les travaux
- La rue
- L'avenue
- Le boulevard
- La place

Je suis prêt(e) ?

Les 4 questions à se poser

Je relis les rubriques « Je retiens » et je choisis les 4 conseils les plus importants pour moi :
1. ......
2. ......
3. ......
4. ......

Prêt pour l'examen !

À faire

avant l'examen

- ☐ **Réviser le vocabulaire**
  l'école, les activités, la ville

- ☐ **Réviser la grammaire**
  les prépositions de lieu, les prépositions de temps, la conjugaison (présent et impératif)

- ☐ **Imaginer des indications** pour aller dans un lieu public et utiliser un plan pour suivre ces indications

le jour de l'examen

- ☐ respirer et se détendre
- ☐ lire attentivement les consignes : elles donnent beaucoup d'informations sur la situation
- ☐ observer la forme du texte
- ☐ repérer les mots que je connais
- ☐ essayer de comprendre les mots que je ne connais pas avec le contexte

Production écrite

COMPRENDRE

L'ÉPREUVE

La production écrite est la troisième épreuve de l'examen du DELF A1.

Production écrite		
Deux parties : – compléter une fiche, un formulaire ; – rédiger des phrases simples sur des sujets de la vie quotidienne.	30 minutes	…/25

Nombre d'exercices
2 exercices pour le niveau A1

Objectifs des exercices
1. Compléter un formulaire
2. Rédiger un message simple

Durée de l'épreuve

Nombre de points

LES SAVOIR-FAIRE

Il faut principalement être capable de :

Comprendre une information demandée

- Exemple 1 : Adresse électronique
- Exemple 2 : Matière préférée
- Exemple 3 : Code postal

Donner une information personnelle

- Exemple 1 : Nationalité : *espagnole*
- Exemple 2 : Animal préféré : *chien*
- Exemple 3 : Âge : *16 ans*

Écrire un message simple

- Exemple 1 : Bonjour, je suis en vacances à Lyon. Je visite la ville et les musées. À bientôt.
- Exemple 2 : Salut ! Comment tu vas ? Moi, ça va. Samedi, je vais à l'anniversaire de Tom. Et toi ? Bises.

Donner des informations sur ses activités, un lieu, un événement

- Exemple 1 : Mardi, je vais au cinéma avec mes parents. Et mercredi, j'ai un cours de dessin.
- Exemple 2 : Ma maison est grande. Elle est entre la boulangerie et l'école. Elle est blanche.

production écrite

LES EXERCICES ET LES DOCUMENTS

	Supports possibles	Type d'exercice	Nombre de points
Exercice 1 Compléter un formulaire DOMAINE ÉDUCATIONNEL	▶ Formulaire, fiche de renseignements, fiche d'inscription, carte d'étudiant, carte de bibliothèque	10 réponses à donner	10 points
Exercice 2 Rédiger un message simple DOMAINE PERSONNEL	▶ Carte postale, courriel, lettre, petit texte de présentation, forum	40 mots minimum	15 points

LA CONSIGNE

C'est quoi ?

La consigne est importante ?

C'est une phrase qui précise le contexte. Elle explique ce qu'il faut faire pour répondre au sujet.

▶ **Exemple :** « Vous vous inscrivez dans un club de football à Paris. Complétez la fiche d'inscription. »

Pour l'exercice 2, la consigne est très importante. Elle propose la situation et donne les informations à écrire.

▶ **Exemple :** « Vous êtes en vacances. Vous écrivez un message électronique à un ami français. Vous dites où vous êtes. Vous parlez de vos activités et du temps qu'il fait. »

LES RÉPONSES

▶ Dans l'exercice 1, vous donnez des informations personnelles. Vous pouvez répondre avec un mot ou une expression.

Exemple : Plat préféré → *poulet.*

▶ Dans l'exercice 2, vous devez écrire un court texte de 40 mots minimum. Votre texte doit être organisé : un mot de salutation, les informations demandées dans la consigne, un mot ou une phrase de prise de congé.

Exemple : Salut ! Samedi, je vais à l'aquarium. Est-ce que tu veux venir ? Tu peux m'appeler chez moi. À bientôt.

CONSEILS

Comment répondre aux exercices ?

■ D'abord, lisez bien la consigne.

■ Observez les informations demandées pour l'exercice 1 et le type d'écrit demandé pour l'exercice 2 (courriel, carte postale, lettre, message).

■ Puis, utilisez votre feuille de brouillon pour préparer vos réponses : écrivez le vocabulaire, des phrases, des expressions.

■ Enfin, écrivez vos réponses définitives dans la copie du DELF.

SE PRÉPARER

1 Compléter un formulaire

Écrire des informations personnelles

Activité 1

1 - Voici des informations sur 5 personnes. Lisez les bulles et reliez-les à chaque personnage correspondant.

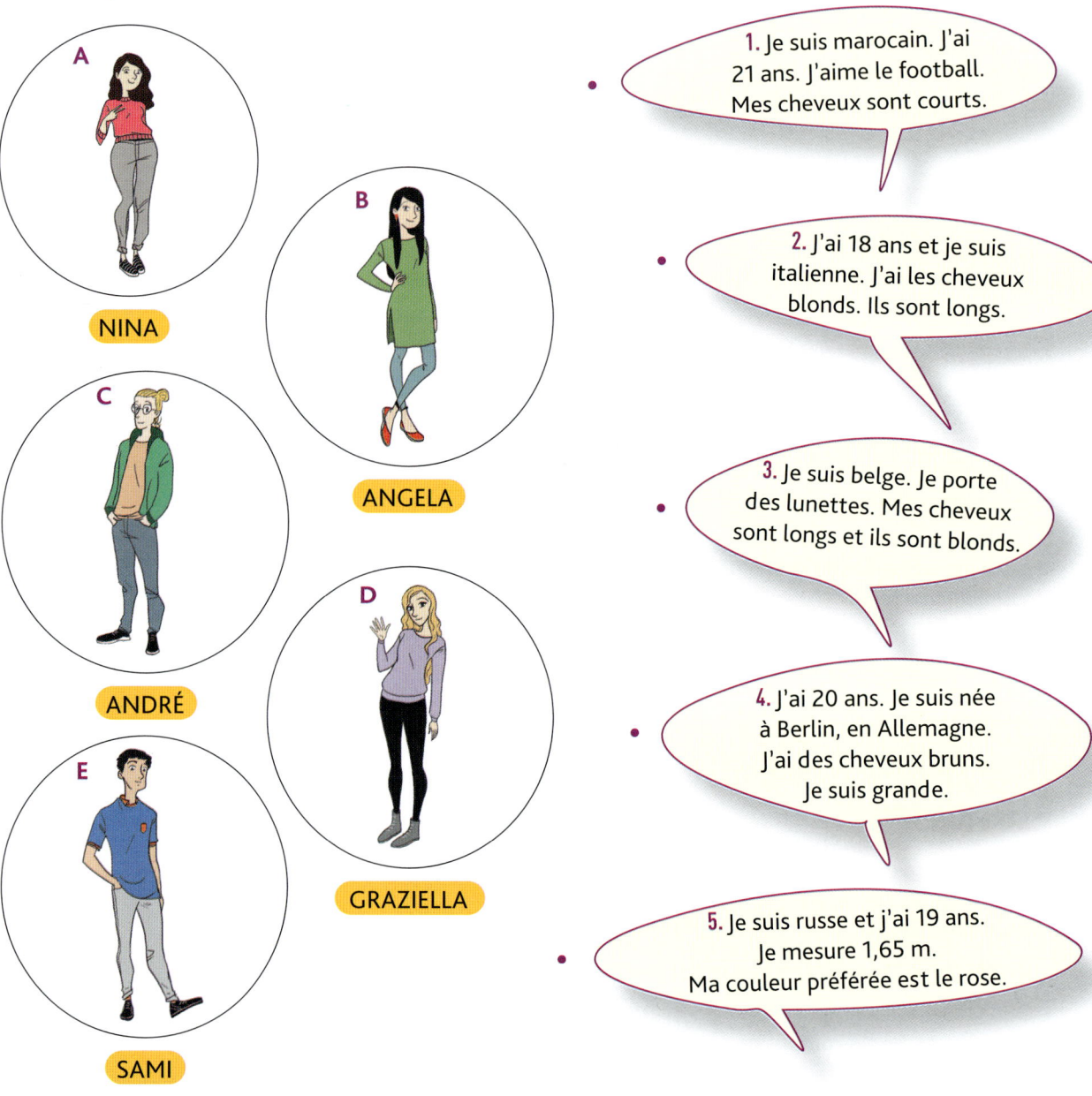

1. Je suis marocain. J'ai 21 ans. J'aime le football. Mes cheveux sont courts.

2. J'ai 18 ans et je suis italienne. J'ai les cheveux blonds. Ils sont longs.

3. Je suis belge. Je porte des lunettes. Mes cheveux sont longs et ils sont blonds.

4. J'ai 20 ans. Je suis née à Berlin, en Allemagne. J'ai des cheveux bruns. Je suis grande.

5. Je suis russe et j'ai 19 ans. Je mesure 1,65 m. Ma couleur préférée est le rose.

2 - Et vous ? Donnez votre âge et votre taille. Décrivez-vous.

....

....

production écrite

Activité 2

1 - Reliez chaque mot à la catégorie correspondante.

- Mexico
- Roumanie
- Égyptienne
- Nigérienne • Nationalité
- Belgique
- Russe
- Croatie • Ville
- Mexique
- Russie
- Égypte • Pays
- Bruxelles
- Mexicaine
- Croate

2 - Et pour vous ?

Votre nationalité : .... Votre pays : .... Votre ville : ....

Activité 3

Vous lisez cette annonce sur un site internet.

www.jeuxconcours.com

Gagnez des places pour visiter le Stade de France !

- Présentez-vous.
- Présentez votre famille.
- Parlez de vos activités.

Et répondez à cette question :
Quel est votre sport préféré ?

Vous répondez à l'annonce.

....
....
....

SE PRÉPARER

— Comprendre un formulaire

Activité 4

Henri, Lise, Matias et Émilie s'inscrivent à un cours de musique. Lisez leur pièce d'identité et notez le prénom de chaque élève en dessous du dessin correspondant.

HENRI
Âge : 14 ans
Nationalité : canadienne
Cheveux : blonds
Yeux : bleus
Taille : 1,65 m

1

Prénom : ....

LISE
Âge : 15 ans
Nationalité : irlandaise
Cheveux : blonds
Yeux : bleus
Taille : 1,52 m

2

Prénom : ....

MATIAS
Âge : 16 ans
Nationalité : colombienne
Cheveux : bruns
Yeux : noirs
Taille : 1,62 m

3

Prénom : ....

ÉMILIE
Âge : 15 ans
Nationalité : française
Cheveux : roux
Yeux : marrons
Taille : 1,61 m

4

Prénom : ....

production écrite

Activité 5

Reliez chaque catégorie au dessin correspondant et donnez une information personnelle.

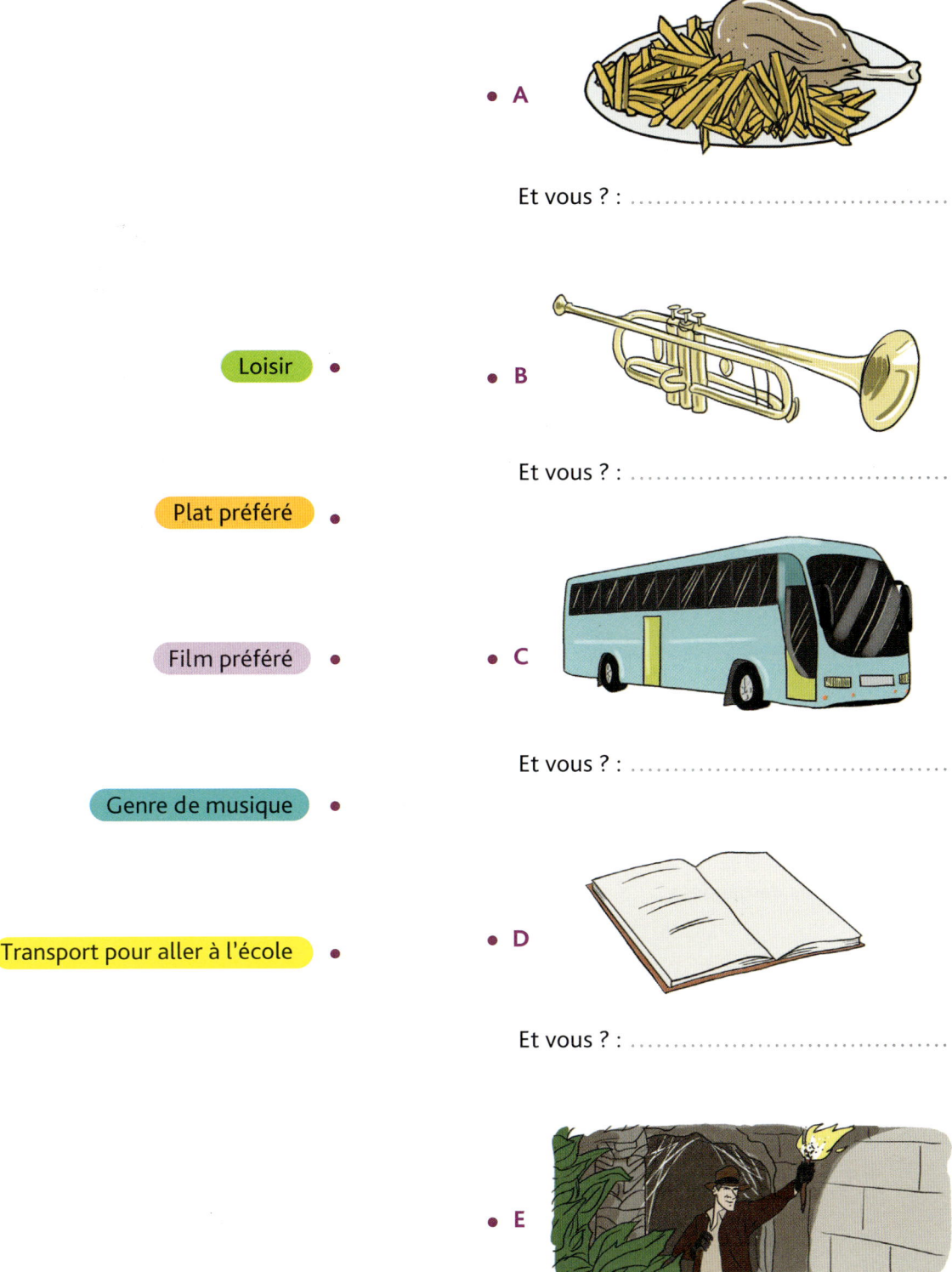

• A

Et vous ? : ....

Loisir •

• B

Et vous ? : ....

Plat préféré •

Film préféré •

• C

Et vous ? : ....

Genre de musique •

Transport pour aller à l'école •

• D

Et vous ? : ....

• E

Et vous ? : ....

SE PRÉPARER

Activité 6

Cristiano veut parler avec des Français sur un site internet. Aidez Cristiano à compléter le formulaire d'inscription au site. Cochez les bonnes réponses.

www.rendezvousavecdesfrançais.fr

Prénom :
☐ Battista ☐ Cristiano ☐ Cristiano Battista

Date de naissance :
☐ 17 ans ☐ 17 février ☐ 17 février 2005

Nationalité :
☐ italien ☐ italienne ☐ française

Adresse électronique :
☐ cristianob@mel.it ☐ Via Catania, Rome
☐ 150 via Catania, Rome, Italie

Langue maternelle :
☐ français ☐ italien ☐ italienne

Niveau de français :
☐ 3 ☐ j'aime ☐ débutant

Loisirs :
☐ musique ☐ école et musique ☐ lecture et musique

Matières préférées :
☐ école ☐ mathématiques ☐ mathématiques et anglais

▬ Répondre à un formulaire

Activité 7

Reliez les informations.

Informations demandées	Réponses données
Âge	59000
Date de naissance	03 20 41 05 00
Adresse	03/10/2022
Code postal	France
Ville	25/01/2004
Pays	Lille
Adresse électronique	18 ans
Téléphone	albert.legrand@mel.fr
Nationalité	176, boulevard Kahn
Date	française

production écrite

Activité 8

Cette année, vous voulez participer au journal de votre école. Vous remplissez le formulaire du journal.

☐ Oui, je veux participer au journal de l'école.

Prénom : ....

Sexe : ....

Classe : ....

Âge : ....

Adresse électronique : ....

Matière(s) préférée(s) : ....

Sport(s) pratiqué(s) : ....

Vos 2 loisirs préférés : _ ....

_ ....

Horaires de disponibilité : de .... à ....

Activité 9

Vous trouvez dans un magazine un concours pour gagner un voyage à Paris. Vous inscrivez votre classe de français.

FICHE D'INSCRIPTION

Nom de l'école : ....

Adresse : ....

Classe : ....

Nombre d'élèves : ....

Nom du professeur de français : ....

Nombre d'heures de français par semaine : ....

Votre prénom : ....

Votre adresse : ....

Votre numéro de téléphone : ....

Votre monument de Paris préféré : ....

SE PRÉPARER

2 Rédiger un message simple

— Donner des informations sur ses activités

Activité 10

Faites une phrase avec chaque activité.
Exemple : piscine → *Je vais à la piscine.*

1 - Plage → ....

2 - Vélo → ....

3 - Ballon → ....

4 - Amis → ....

5 - Avion → ....

Activité 11

Observez les images. Pour chaque image, complétez la phrase avec l'activité représentée.

A		Je ....
B		Je ....
C		Je ....
D		Je ....

production écrite

Activité 12

Vous êtes en vacances et vous faites des activités. Écrivez 5 activités. Dans chaque phrase, donnez une information sur le lieu et dites avec qui vous êtes.
Exemple : *Je visite des musées avec mes parents.*

1 - ....
....
2 - ....
....
3 - ....
....
4 - ....
....
5 - ....
....

▬ Répondre à un message

Activité 13

Choisissez la réponse correcte à chaque message.

Message n° 1 : Joyeux anniversaire ! Gros bisous. Maman

Joyeux anniversaire à toi aussi maman. Bisous.	Merci maman. À tout à l'heure. Bisous.	Merci ma chérie. Je t'attends à la maison. Bisous.
A. ☐	B. ☐	C. ☐

Message n° 2 : Bonne année ! Je t'embrasse, Christine

Je te souhaite une bonne année Christine. Merci pour ton message.	Oui, c'est une bonne année. Et toi ? Je t'embrasse aussi.	Je vous souhaite une bonne année également. Bises, Christine.
A. ☐	B. ☐	C. ☐

Message n° 3 : Salut ! Ça va ? Appelle-moi ! Aurélien

Salut Aurélien. D'accord, je vais t'écrire. Et toi, ça va ?	Salut Aurélien. Oui, je vais bien. Quel est ton numéro de téléphone ?	Salut Aurélien. Oui, je vais bien. J'appelle ta mère ce soir.
A. ☐	B. ☐	C. ☐

SE PRÉPARER

Activité 14

Vous recevez sur votre téléphone les messages suivants de vos amis français. Répondez à vos amis avec des messages courts.

1 - Salut. Qu'est-ce que tu fais samedi ? Tu veux venir avec moi au cinéma ? Bryan

→ ....
....

2 - Salut. Mardi, c'est l'anniversaire de Pamela. Est-ce que tu as une idée de cadeau ? Dis-moi ! Agnès

→ ....
....

3 - Salut. Demain, c'est la visite de l'aquarium. À quelle heure est-ce que tu pars de chez toi ? Tania

→ ....
....

4 - Salut. Comment vas-tu ? Donne-moi de tes nouvelles ! Jean-Paul

→ ....
....

5 - Félicitations pour la naissance de ton petit frère ! Thomas

→ ....
....

Activité 15

Vous recevez un message de votre amie suisse, Paula.

Salut !
Comment vas-tu ?
Moi, je vais à Prague samedi et dimanche.
Et toi, qu'est-ce que tu fais ce week-end ?
Comment va ta famille ?
Où est-ce que tu vas pour les vacances ?
Est-ce qu'on peut se voir la semaine prochaine ?
Bises
Paula

Répondez à votre amie.

....
....
....
....
....
....
....
....
....
....
....
....
....

production écrite

Poser des questions à l'écrit

Activité 16
Reliez chaque catégorie d'informations à la question correspondante.

Obtenir des informations sur...

- la santé
- la météo
- les activités
- le lieu
- la date

- Comment est-ce que tu vas ?
- Où c'est ? / Où est-ce que tu es ?
- Quand est... ? / Quel jour est... ?
- Qu'est-ce que tu fais ?
- Quel temps fait-il ?

Activité 17
Formulez une question pour chaque situation.

	Vous écrivez à votre ami Cyril.	Vous écrivez à votre professeur de français.	Vous écrivez à vos amis Florentine et Germain.
Vous demandez leur numéro de téléphone.			
Vous demandez où ils sont.			
Vous demandez les devoirs du cours de français.			

Activité 18
Votre professeur de français vous donne le contact d'une personne française. Vous écrivez à cette personne. Vous lui posez des questions (minimum 6 questions) pour la connaître.

Salut,

SE PRÉPARER

── Écrire un message simple : début et fin

Activité 19

1 - Classez chaque expression de la liste suivante dans le tableau :

à bientôt – bonjour – à demain – au revoir – salut – à plus tard – bises – cher/chère… – cordialement

Pour saluer (au début)	Pour prendre congé (à la fin)

2 - Quelles expressions est-ce que vous pouvez utiliser avec la famille et les amis ?

....

3 - Quelles expressions est-ce que vous pouvez utiliser avec un inconnu, une personne âgée, un professeur, un directeur ?

....
....

Activité 20

Complétez les messages ci-dessous avec une expression pour saluer ou pour prendre congé.

Message n° 1 :

....

Tu vas bien ? Tu veux venir chez moi cet après-midi ?
Bises.

Message n° 2 :

....

Je voudrais prendre un livre pour ce week-end. J'attends votre réponse.

....

Message n° 3 :

....

Je prends des sandwichs pour demain. Et toi ?

....

production écrite

Activité 21
Vous recevez un courriel de Mélanie. Lisez le courriel.

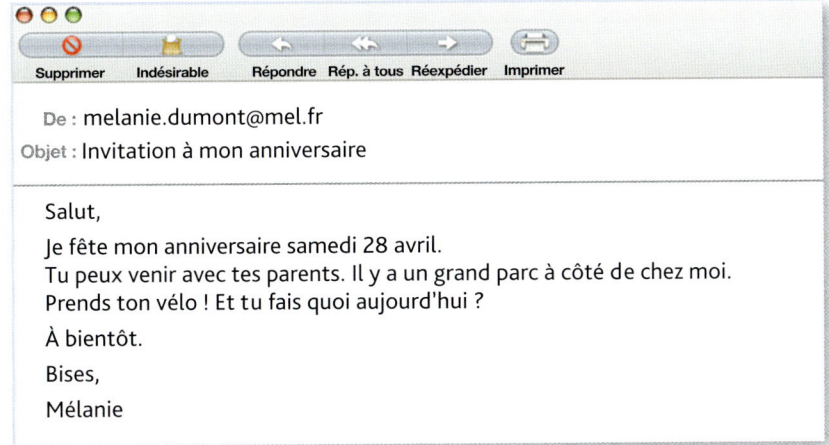

De : melanie.dumont@mel.fr
Objet : Invitation à mon anniversaire

Salut,
Je fête mon anniversaire samedi 28 avril.
Tu peux venir avec tes parents. Il y a un grand parc à côté de chez moi.
Prends ton vélo ! Et tu fais quoi aujourd'hui ?
À bientôt.
Bises,
Mélanie

Répondez à Mélanie. Vous dites merci pour l'invitation et vous parlez de vos activités d'aujourd'hui avec vos parents.

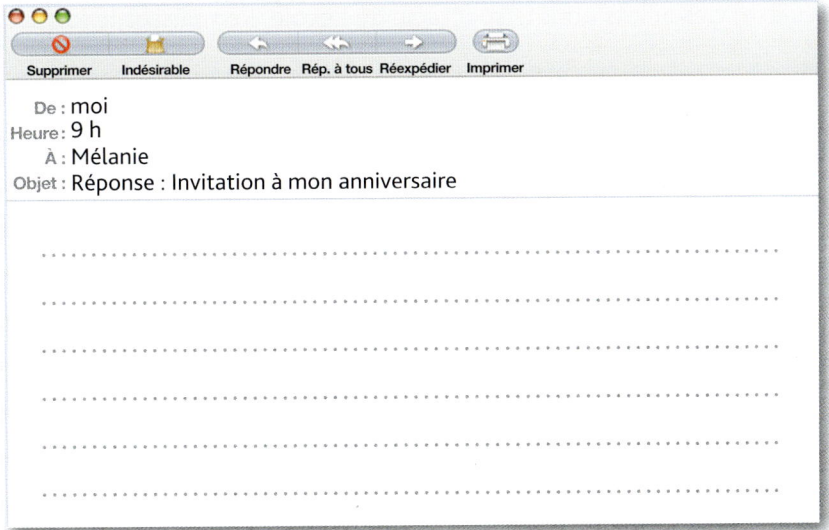

De : moi
Heure : 9 h
À : Mélanie
Objet : Réponse : Invitation à mon anniversaire

Activité 22

1 - Lisez le texte et comptez le nombre de mots.

> Bonjour, comment vas-tu ? Est-ce que tu peux venir chez moi demain après-midi ?
> Il y a mes cousins. Nous allons faire des jeux. Et je vais peut-être faire des crêpes avec mes grands-parents. Appelle-moi ! Au revoir.

Nombre de mots : ....

2 - Écrivez les groupes de mots qui comptent pour un seul mot.
Exemple : Comment vas-tu ? = *2 mots*

....

S'ENTRAÎNER

1 Compléter un formulaire

▸ Dans cet exercice, vous devez compléter un formulaire. D'abord, vous devez comprendre l'information demandée et ensuite, vous devez écrire votre réponse personnelle.

▸ L'épreuve de production écrite dure 30 minutes. Vous pouvez faire cet exercice pendant environ 10 minutes.

▸ Vous devez donner des informations personnelles. L'examen est anonyme (les correcteurs ne connaissent pas votre identité) alors vous pouvez donner une réponse inventée.
Attention : votre réponse doit être logique.

Exemple : matière préférée → *histoire* (vous pouvez écrire « histoire » si vous ne savez pas écrire votre vraie matière préférée).

Exercice 1
10 points

Vous voulez réserver des billets pour le spectacle de l'école. Remplissez le formulaire.

▸ La consigne donne la situation.
▸ Lisez bien la consigne. Parfois, elle donne des indications sur les informations à écrire.

Exemple : Vous êtes en France et vous vous inscrivez à la bibliothèque de votre ville.
Formulaire : ville → vous devez répondre avec une ville française parce que la consigne dit : « Vous êtes en France. »

Spectacle de fin d'année
3 spectacles
jeudi 21 juin / vendredi 22 juin / samedi 23 juin

NOM : XXXXXXXXXXXXXXXXXXXXXXXX
Prénom : *Manuel* .... 1 point
Date de naissance : *09/02/2007* .... 1 point
Classe : *3ᵉ* .... 1 point
Adresse : *Calle Lisboa 35, 41006 Séville, Espagne* .... 1 point
Téléphone : *954 293 025* .... 1 point
Adresse électronique : *manuel.ac@mel.es* .... 1 point
Date du spectacle : *jeudi 21 juin* .... 1 point
Nombre de billets : *5* .... 1 point
Avec qui est-ce que vous allez au spectacle ? *Parents* .... 2 points

production écrite

- Utilisez votre feuille de brouillon. Vous pouvez écrire les informations, les vérifier et remplir la copie du DELF avec vos réponses définitives. Pensez à écrire au stylo dans votre copie DELF !
- Dans cet exercice, les correcteurs ne regardent pas l'orthographe des mots. Mais attention : vous devez écrire des mots compréhensibles en français !
- Lisez attentivement les informations demandées pour écrire les bonnes réponses. Par exemple, attention à la différence entre « adresse » et « adresse électronique » ou entre « date de naissance » et « date du spectacle ».
- En général, vous donnez 10 informations. Il y a 1 point par information. Parfois, il y a une information à 2 points (c'est une information plus difficile).
- Vous écrivez des informations personnelles authentiques. Vous pouvez donner des informations dans votre langue maternelle (adresse, classe, film préféré) mais vous écrivez en français au maximum.

Exemple : adresse → *Calle Lisboa 35, 41006 Séville, Espagne* (la rue est en langue espagnole mais la ville et le pays sont en langue française).

JE RETIENS

- Je lis la consigne et la situation donnée.
- Je lis attentivement les informations demandées.
- **J'utilise ma feuille de brouillon** pour vérifier si mes réponses sont compréhensibles et logiques.
- Je donne des informations personnelles.
- **Je réponds à toutes les questions :** j'écris une information sur chaque ligne.

Exercice 2 — 10 points

Vous voulez vous inscrire à un club dans votre école. Remplissez ce formulaire.

Formulaire d'inscription aux clubs

NOM : XXXXXXXXXXXXXXXXXXXXXXX

Prénom : .... 1 point

Âge : .... 1 point

Classe : .... 1 point

Téléphone : .... 1 point

Jour(s) disponible(s) : .... 1 point

Loisirs préférés (2) : - .... 1 point

- .... 1 point

Style de musique écouté : .... 1 point

Matières préférées (2) : - .... 1 point

- .... 1 point

S'ENTRAÎNER

2 Rédiger un message simple

> ▸ Dans cet exercice, vous devez rédiger un message simple. Vous écrivez un message avec des informations de la vie quotidienne.
>
> ▸ L'épreuve de production écrite dure 30 minutes. Vous pouvez faire cet exercice pendant environ 20 minutes.
>
> ▸ D'abord, vous lisez la consigne. Puis, vous écrivez vos idées sur votre feuille de brouillon. Enfin, vous écrivez votre texte définitif dans la copie du DELF.

Exercice 3   `15 points`

Vous écrivez un message à votre ami français. Vous présentez votre nouvel/le ami/e. Vous le/la décrivez et vous dites les activités que vous faites ensemble. (40 mots minimum)

▸ La consigne est importante.
1. Elle donne la situation : vous écrivez à votre ami français.
2. Elle indique les informations à écrire : présenter votre nouvel ami, le décrire, dire les activités que vous faites ensemble.
3. Elle donne le nombre de mots à écrire : 40 mots minimum.

À : mathieu.delacour@mel.fr

Objet : nouvelles

Salut Mathieu,

J'ai un nouvel ami. Il s'appelle Yasser. Il est marocain. Il a 16 ans.

Et il parle français. On joue au football et on parle beaucoup.

Quand est-ce que je peux te présenter Yasser ?

À bientôt.

Agustín

▸ Utilisez votre feuille de brouillon. Vous pouvez :
– écrire les informations demandées dans la consigne ;
– conjuguer des verbes ;
– écrire le vocabulaire ;
– noter une expression de salutation et une expression de prise de congé ;
– rédiger votre message.

production écrite

- Vérifiez l'orthographe des mots et la conjugaison des verbes.
- Dans cet exercice, les correcteurs regardent si vous…
– donnez les informations demandées dans la consigne,
– écrivez le nombre de mots demandé,
– pouvez écrire correctement des mots simples de la vie quotidienne,
– êtes capable d'utiliser correctement des articles et des pronoms,
– pouvez conjuguer des verbes au présent.
- Faites des phrases simples et reliez les mots avec « et » ou « alors ».
- C'est un message : vous pouvez écrire à la fin votre prénom ou un prénom inventé (c'est la signature).
- Respectez le nombre de mots minimum demandé : 40. Vous pouvez écrire plus de mots mais attention, plus vous écrivez, plus vous pouvez faire des fautes.

JE RETIENS

- Je lis attentivement la consigne et je souligne les informations demandées.
- J'utilise ma feuille de brouillon pour écrire mes idées et mon texte.
- Je donne toutes les informations demandées et j'utilise le vocabulaire adapté.
- J'écris une expression de salutation et une expression de prise de congé.
- Je vérifie l'orthographe des mots et la conjugaison des verbes.
- Je compte le nombre de mots écrits.

Exercice 4   15 points

Vous recevez ce message de votre amie française, Mila.

> Salut ! Je suis en vacances à Toronto. Et toi ? Raconte-moi ! Bises, Mila

Vous répondez à Mila. Vous dites où vous êtes. Vous donnez de vos nouvelles, vous parlez de vos activités et du temps qu'il fait. (40 mots minimum)

Prêt pour l'examen !

Communication

- Accepter
- Accueillir et prendre congé
- Annoncer/confirmer un événement
- Demander/donner une information
- Donner rendez-vous
- Féliciter
- Inviter
- Parler de soi
- Parler de son quotidien

Socioculturel

La ponctuation

M La majuscule en début de phrase et pour un nom propre
Je m'appelle Pascale.

. Le point à la fin d'une phrase déclarative
J'arrive demain.

, La virgule pour séparer des éléments.
Avant : *mais, car*
Moi, je me lève à 6 h 30.

! Le point d'exclamation à la fin d'une phrase exclamative
Félicitations !
J'adore le chocolat !

? Le point d'interrogation à la fin d'une question
Vous aimez voyager ?
Comment ? Pardon ?

Grammaire

Le présent
Le masculin et le féminin
Le singulier et le pluriel
Le conditionnel pour proposer
Les connecteurs *et, alors, voilà* pour raconter

Vocabulaire

- Dates
- Famille
- Goûts
- Horaires
- Logement
- Loisirs
- Météo
- Nationalités
- Nombres
- Vacances
- Villes

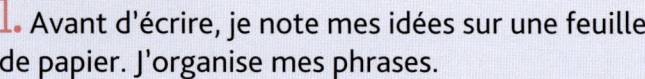

STRATÉGIES

1. Avant d'écrire, je note mes idées sur une feuille de papier. J'organise mes phrases.

2. Pour écrire, je pense à utiliser des mots ou des expressions utilisés dans la consigne ou dans le document.

3. Pour compter les mots : ensemble de lettres séparées par deux espaces :
Je suis en vacances : 4 mots
J'ai deux billets pour un concert : 6 mots
(*j'ai* = un mot)

production écrite

POUR DIRE

Accepter
- J'accepte avec plaisir, bien sûr.
- Merci pour ton invitation !
- Avec plaisir !

Accueillir et prendre congé

– Message informel :
- Salut ! Coucou
- À bientôt !
- À plus tard
- Bises

– Message formel :
- Sincères salutations
- Cordialement
- Bonne journée
- Bien à vous

Annoncer/Confirmer un événement
- J'arrive mercredi prochain.
- Je te confirme ma venue.
- Ça y est, j'ai mon permis de conduire !

Demander/Donner une information
- Je voudrais connaître la date précise de votre venue.
- Quand voulez-vous prendre le petit déjeuner ?
- Vous restez combien de temps ?

- Qu'est-ce que tu fais l'été prochain ?
- Ici, il fait beau. Je marche tous les jours sur la plage.
- Je suis dans un hôtel magnifique en face de la mer.
- Nous sommes bien arrivés.

Donner rendez-vous
- Rendez-vous à 18 h sur la place du village.
- Tu peux venir demain à ma soirée ?
- Je t'attends à la gare à midi.
- On pourrait se retrouver à 20 heures chez ton frère ?

Féliciter
- Je te félicite pour ton diplôme.
- Bravo !
- Félicitations !

Inviter
- Je t'invite à mon anniversaire.
- Est-ce que tu es disponible samedi ?
- Est-ce que tu veux venir à ma fête ?

Parler de ses activités
- Je visite la région.
- Je fais du bateau.
- Je fais une excursion demain.
- Je me repose chez des amis.

Famille
- Les parents
- La mère / Le père
- Un frère / Une sœur
- Un enfant
- Un bébé
- Les grands-parents
- Une grand-mère
- Un grand-père
- Un fils / Une fille

Météo
- Il fait beau.
- Il fait mauvais.
- Il fera doux sur toute la France.
- Des températures hivernales/estivales.
- Le temps est au beau fixe.
- Attention au rafraîchissement.
- Il y a du soleil, du brouillard, du vent.
- Il y a un cyclone et des vents forts.

Vacances
- Faire du tourisme
- Visiter / Voyager
- Marcher
- Se promener
- La mer
- La campagne
- La montagne

Je suis prêt(e) ?

Les 4 questions à se poser

Je relis les rubriques « Je retiens » et je choisis les 4 conseils les plus importants pour moi :

1. ......
2. ......
3. ......
4. ......

Prêt pour l'examen !

À faire

avant l'examen

- ☐ **Réviser le vocabulaire**
  informations personnelles, la famille, les activités, les vacances, la météo

- ☐ **Réviser la grammaire**
  le présent
  l'accord du masculin/féminin, singulier, pluriel

- ☐ **Écrire ou recopier des mots en français**
  pour une inscription à un club de sport, une demande d'informations ou d'abonnement

le jour de l'examen

- ☐ bien gérer le temps de l'épreuve :
  pour les idées sur la feuille de papier,
  pour écrire sur la copie du DELF,
  pour relire et corriger

- ☐ écrire lisiblement

- ☐ utiliser correctement la ponctuation

Production orale

COMPRENDRE

L'ÉPREUVE

La production orale est la quatrième épreuve de l'examen du DELF A1. Elle est individuelle.

Nombre d'exercices
3 exercices pour le niveau A1

Production orale	5 à 7 minutes	.../25
Épreuve en trois parties : – entretien dirigé ; – échange d'informations ; – dialogue simulé.	préparation : 10 minutes	

Nombre de points

Objectifs des exercices
1. Se présenter
2. Poser des questions
3. Parler avec l'examinateur pour réaliser un achat

Durée de l'épreuve

LES SAVOIR-FAIRE

Il faut principalement être capable de :

Répondre à des questions sur moi-même, ma famille, mes goûts, mes activités

▶ Exemples :
- Comment est-ce que vous vous appelez ?
    ➔ *Je m'appelle Lucia.*
- Quel âge avez-vous ?
    ➔ *J'ai 16 ans.*
- Comment s'appellent vos parents ?
    ➔ *Ils s'appellent Maria et Alberto.*
- Qu'est-ce que vous faites le dimanche ?
    ➔ *Je vais au cinéma avec mes amis.*

Saluer et utiliser des formules de politesse

▶ Exemples :
- Bonjour / Salut / Au revoir
- Merci / S'il vous plaît
- Je voudrais

Poser des questions pour connaître l'examinateur à partir d'un mot

▶ Exemples :
- Vélo
    ➔ *Comment est votre vélo ?*
- Naissance
    ➔ *Quelle est votre date de naissance ?*
- Enfants
    ➔ *Combien d'enfants avez-vous ?*
- Lire
    ➔ *Est-ce que vous aimez lire ?*

Réaliser l'achat d'un bien ou d'un service

▶ Exemples :
- *Je voudrais 1 kilo de tomates et 2 kilos de carottes s'il vous plaît.*
- *Combien coûte la salade ?*
- *Je voudrais une robe rouge. C'est pour une amie.*
- *Quel est le total ? Voici 20 euros.*

production orale

LES EXERCICES ET LES DOCUMENTS

	Supports possibles	Type d'exercice	Nombre de points
Exercice 1 L'entretien dirigé DOMAINE PERSONNEL	▶ Questions de l'examinateur	Entretien d'une minute	4 points
Exercice 2 L'échange d'informations DOMAINE PERSONNEL, ÉDUCATIONNEL, PUBLIC ET PROFESSIONNEL	▶ Six mots à tirer au sort	Questions à formuler	4 points
Exercice 3 Le dialogue simulé DOMAINE PUBLIC	▶ Deux sujets au choix, à tirer au sort	Dialogue entre vous et l'examinateur	4 points

Le niveau linguistique est noté sur **13 points** :
- Lexique : **5 points**
- Grammaire : **4 points**
- Phonétique et prononciation : **4 points**

LA CONSIGNE

C'est quoi ?

C'est une phrase qui précise le contexte. Elle explique ce qu'il faut faire pour répondre au sujet.

▶ Exemple :
« Vous êtes en France. Vous allez à la boulangerie pour acheter un sandwich. Vous posez des questions sur les aliments et vous choisissez un sandwich. »

La consigne est importante ?

▶ Pour l'exercice 2, vous tirez au sort six mots. La consigne vous donne des indications.

▶ Pour l'exercice 3, vous tirez au sort 2 sujets et vous choisissez celui que vous préférez. Dans l'exercice 3, il y a des images pour vous aider. **La consigne indique le rôle de l'examinateur.**

LES QUESTIONS ET LES RÉPONSES

Pour l'exercice 1, vous répondez à l'examinateur avec vos informations personnelles.
Grâce aux 10 minutes de préparation, vous avez le temps de préparer vos questions de l'exercice 2 et les phrases de l'exercice 3.

CONSEILS

➔ Quand commencer la préparation ?
- Les examinateurs vous expliquent les 3 exercices et vous donnent le matériel.
- Dans la salle de préparation, lisez le document avec les consignes et commencez votre préparation.

➔ Quand commencer à parler ?
- À la fin de votre préparation, vous allez dans la salle de passation avec les examinateurs.
- Les examinateurs vous indiquent le début de l'épreuve.

➔ Combien de temps est-ce qu'il faut parler ?
- Exercice 1 : 1 minute environ
- Exercice 2 : 2 minutes environ
- Exercice 3 : 2 minutes environ

SE PRÉPARER

1 Préparer l'entretien dirigé

— Parler de soi et de sa famille

Activité 1

1 - Écoutez la présentation des 3 personnes suivantes et complétez les textes

a. Je .... Roberto. Je .... brésilien. J' .... 19 ans.

b. Je .... Marta Adamski.. J' .... à Varsovie, en Pologne. Je .... étudiante.

c. Je .... Elias et j' .... 18 ans. Je .... libanais. J' .... la biologie. Je .... célibataire.

2 - Quels verbes est-ce que vous pouvez utiliser pour donner :

votre prénom et votre nom ? ....

votre nationalité ? .... votre âge ? ....

votre ville ? .... votre profession ? ....

votre état civil ? ....

Activité 2

Donnez quelques informations sur votre famille !

1 - Écoutez la présentation des 3 familles et notez le numéro de chaque famille.

A.

Famille : ....

production orale

B.

Famille : ....

C.

Famille : ....

2 - Et vous ? Décrivez votre famille. Pensez à parler de vos parents, de vos frères et sœurs et donnez leur prénom, leur âge et leur profession.

....
....
....
....

— Parler de ses activités et de ses goûts

Activité 3

1 - Écoutez Jordan. Il parle de ses activités. Complétez le tableau.

	Lundi	Mardi	Mercredi	Jeudi	Vendredi	Samedi	Dimanche
Matin							
Après-midi							
Soir							

SE PRÉPARER

2 - Et vous ? Parlez de vos activités et complétez le tableau.

	Lundi	Mardi	Mercredi	Jeudi	Vendredi	Samedi	Dimanche
Matin							
Après-midi							
Soir							

Activité 4

1 - Katy et Charles parlent de leurs goûts. Écoutez le dialogue et complétez le tableau avec « + » (= aimer) et « – » (= détester).

	Katy	Charles
Nouveau restaurant français		
Gastronomie française		
Pain		
Fromage		

2 - Quelles expressions Katy et Charles utilisent pour exprimer leurs goûts ?

Katy : ....

Charles : ....

3 - Et vous ? Qu'est-ce que vous aimez ? Qu'est-ce que vous détestez ?

....

....

▬ Répondre à des questions

Activité 5

1 - Écoutez les phrases et dites si elles sont affirmatives (une affirmation) ou interrogatives (une question).

2 - Pour quelles phrases l'intonation est montante (↗) et pour quelles phrases l'intonation est descendante (↘) ?

• Phrases affirmatives : ....

• Phrases interrogatives : ....

	Affirmation	Question
Phrase 1	☐	☐
Phrase 2	☐	☐
Phrase 3	☐	☐
Phrase 4	☐	☐
Phrase 5	☐	☐

production orale

Activité 6
Associez chaque question à la bonne réponse.

Questions

1. Comment est-ce que vous vous appelez ?
2. Pouvez-vous épeler votre nom ?
3. Qu'est-ce que vous faites le dimanche ?
4. Comment s'appellent vos amis ?
5. Quelle est votre matière préférée ?

Réponses

a. Ils s'appellent Nadia et Constanze.
b. C'est l'histoire.
c. K-L-E-I-N.
d. Je m'appelle Friedrich Klein.
e. Je me promène avec ma famille.

Activité 7
Écoutez les phrases, répétez et notez les liaisons.

Exemple : *Je m'appelle Antonio.*

1 - Je suis italien.
2 - J'ai 15 ans.
3 - J'ai un frère et une sœur. Ils s'appellent Guido et Lorena.
4 - J'habite à Naples, en Italie.
5 - Je fais des exercices de français tous les jours.

SE PRÉPARER

 Activité 8

Felipe se présente à l'épreuve de production orale du DELF A1 junior / scolaire. Écoutez la première partie de l'épreuve et complétez le texte.

Examinatrice : Bonjour.

Felipe : Bonjour.

Examinatrice : Bienvenue à l'épreuve de production orale du DELF A1. La première partie de l'épreuve est l'entretien dirigé. Je vous pose des .... pour vous connaître. Ça va ? Est-ce que nous pouvons .... ?

Felipe : Oui, ça va.

Examinatrice : .... est-ce que vous vous appelez ?

Felipe : Je m'appelle Felipe Gonsalez.

Examinatrice : Comment ça s'écrit votre nom ?

Felipe : Je .... Est-ce que vous pouvez .... ?

Examinatrice : Bien sûr. Est-ce que vous pouvez .... votre nom ?

Felipe : Oh, oui. G-O-N-S-A-L-E-Z.

Examinatrice : Merci. Quel .... ?

Felipe : J'ai 16 ans.

Examinatrice : Combien de .... avez-vous ?

Felipe : J'ai deux .... et trois ....

Examinatrice : C'est une grande famille ! Vous êtes le plus .... ?

Felipe : Non, mon frère Pedro a 13 ans.

Examinatrice : D'accord. Est-ce que vous aimez la .... ? Quel est votre .... préféré ?

Felipe : Oui, j'aime la .... Je .... de la guitare avec mon père.

Examinatrice : Oh, super ! Et .... par semaine est-ce que vous faites de la guitare ?

Felipe : .... par semaine.

Examinatrice : .... ?

Felipe : Le mercredi et le samedi.

Examinatrice : Merci Felipe. La première partie de l'épreuve est terminée. Nous passons maintenant à la deuxième partie.

production orale

2 Préparer l'échange d'informations

— Comprendre un mot

Activité 9

Reliez chaque mot à l'image correspondante.

 A.

 E.

Télévision

Ville

 B.

 F.

Animaux

Ordinateur portable

 C.

Famille

 G.

Marié(e)

Téléphone

Mer

 D.

 H.

SE PRÉPARER

Activité 10
Associez les mots de la même thématique.

- Vélo •   • Avion
- Vêtement •   • Film
- Voyage •   • Musique
- Cinéma •   • Bibliothèque
- Lecture •   • Transport
- Chanteur •   • Pantalon

▬ Formuler une question

Activité 11
Reliez chaque thématique au mot interrogatif correspondant.

- Nom •   • Combien ?
- Date •   • Où ?
- Adresse •   • Qui ?
- Personne •   • Quand ?
- Nombre •   • Comment ?

Activité 12
Complétez les questions avec le mot interrogatif qui convient.

1 - .... s'appelle votre mari ?

2 - .... est votre profession ?

3 - .... est-ce que vous faites le samedi ?

4 - .... avez-vous d'animaux ?

5 - .... est-ce que vous avez des vacances ?

6 - .... est votre livre préféré ?

7 - Vous aimez .... ?

8 - .... est-ce que vous allez en vacances ?

Activité 13
Posez une question pour chaque mot.

1 - Marcher : .... ?

2 - Anniversaire : .... ?

3 - Voiture : .... ?

4 - Théâtre : .... ?

5 - Crayon : .... ?

production orale

— Réagir à des réponses

Activité 14

Réagissez aux affirmations suivantes. Pensez à varier les expressions.

Exemple : Je vais au cinéma une fois par semaine.
→ *Moi aussi. / Moi, je vais au cinéma tous les samedis.*

1 - Je parle allemand, anglais et français. → ....

2 - J'ai une femme et deux enfants. → ....

3 - Je connais la France. J'aime beaucoup Paris. → ....

4 - Je n'ai pas de moto. → ....

5 - Mon directeur s'appelle monsieur Hoffmann. → ....

Activité 15

Vous retrouvez Felipe à son épreuve de production orale du DELF A1 junior / scolaire.
Écoutez la deuxième partie de l'épreuve et complétez le texte.

Examinatrice : La deuxième partie est un échange d'informations. Vous me posez des questions pour .... Vous avez six mots.

Vous me posez cinq questions. Est-ce que ça va ? Nous pouvons commencer ?

Felipe : Oui, ça va, merci.

Examinatrice : Alors, nous commençons. Je vous écoute.

Felipe : Est-ce que vous allez souvent .... ?

Examinatrice : Oui, j'utilise Internet tous les jours.

Felipe : .... Je fais mes devoirs avec Internet. Quel est votre dessert préféré ?

Examinatrice : .... la tarte aux pommes.

Felipe : C'est vrai, ... Comment est-ce que vous venez à l'école ?

Examinatrice : Je viens à l'école en voiture.

Felipe : .... Moi, je viens en voiture avec ma mère. Est-ce que vous avez des enfants ?

Examinatrice : Oui, j'ai deux enfants, un garçon et une fille.

Felipe : .... ?

Examinatrice : Ils s'appellent Emilio et Cristina.

Felipe : Merci. .... est-ce que vous regardez la télévision ?

Examinatrice : Je regarde la télévision dans le salon.

Felipe : Oh, moi, j'ai une télévision ....

Examinatrice : Merci. La 2ᵉ partie est terminée. Nous passons maintenant à la 3ᵉ partie.

SE PRÉPARER

3 Préparer le dialogue simulé

— Utiliser des expressions simples pour saluer et prendre congé

Activité 16

1 - Classez les expressions ci-dessous dans le tableau :
bonjour – à bientôt – bonsoir – à plus tard – salut – bonjour monsieur/bonjour madame – au revoir – à demain.

Pour saluer	Pour prendre congé
....	....
....	....

2 - Indiquez si l'expression s'utilise dans une situation formelle (professeur, vendeur) ou une situation informelle (famille, amis). **Attention :** des expressions peuvent être utilisées dans les deux situations.

	Situation formelle	Situation informelle
bonjour	☐	☐
à bientôt	☐	☐
bonsoir	☐	☐
à plus tard	☐	☐
salut	☐	☐
bonjour madame/bonjour monsieur	☐	☐
au revoir	☐	☐
à demain	☐	☐

Activité 17

1 - Complétez les dialogues avec les expressions pour saluer et prendre congé.

Dialogue 1 :
– .... Aurélie.
– .... Thomas. Ça va ?
– Oui, ça va, merci. Je cherche le truc pour faire mon exercice de mathématiques.
– Oh ! Le cours est dans 1 heure !
– Oui, je sais. Je suis en retard.
– Bon, je te laisse faire ton exercice. ....
– ....

production orale

Dialogue 2 :

– ....

– .... Je voudrais un timbre s'il vous plaît.

– Bien sûr. Et voilà !

– Merci. ....

– ....

Dialogue 3 :

– .... Asseyez-vous. Je vais vous donner vos notes.

– Monsieur, j'ai rendez-vous avec le directeur.

– Très bien. Alors, tu peux sortir Aurélien. ....

– Merci. ....

▬ Demander et donner des informations

Activité 18

Pour chaque situation, vous avez des informations. Posez 3 questions pour avoir plus d'informations.

• **Situation 1** : Vous êtes à Paris. Vous êtes au restaurant. Vous lisez le menu. Vous posez des questions au serveur.

Questions possibles

1 - ....

2 - ....

3 - ....

• **Situation 2** : Vous êtes en France et vous voulez vous inscrire à la bibliothèque de la ville.

Ouvert du mardi au samedi. Livres, DVD, musique.

Questions possibles

1 - ....

2 - ....

3 - ....

SE PRÉPARER

• **Situation 3** : Vous êtes dans un centre de vacances en France. Vous voulez des informations sur les activités.

SPORT
Rugby, tennis, golf
THÉÂTRE
mardi et jeudi
Tarifs : 3 € pour chaque cours de sport.
Cours de théâtre gratuits.

Questions possibles

1 - ....

2 - ....

3 - ....

Activité 19
Trouvez la question à chaque réponse.

1 - .... ?

→ Ce pantalon, c'est du 38.

2 - .... ?

→ Ce livre coûte 12 €.

3 - .... ?

→ Oui, nous avons des pommes de terre.

4 - .... ?

→ Vous pouvez aller à la réception pour avoir un plan.

5 - .... ?

→ Nous avons des stylos bleus, rouges et noirs.

Activité 20
C'est bientôt l'anniversaire de vos amis. Vous êtes à Paris et vous allez dans une grande boutique pour acheter des cadeaux. Donnez des informations au vendeur.

1 - Pour l'anniversaire d'Ismaël : un livre.

Âge d'Ismaël : .... / Type, genre de livre : ....

2 - Pour l'anniversaire de Chloé : un gilet.

Taille : .... / Couleur : ....

production orale

3 - Pour l'anniversaire de Greg : un parfum.

Odeurs préférées : .... / Prix : ....

4 - Pour l'anniversaire de Maggy : une peluche.

Âge de Maggy : .... / Goûts : ....

▬ Payer un achat

Activité 21

1 - Vous êtes avec votre ami français, Guillaume, à la caisse du magasin. Complétez le dialogue.

> **La vendeuse :** Est-ce que vous voulez autre chose ?
>
> **Guillaume :** Non merci. .... ?
>
> **La vendeuse :** 83 €.
>
> **Guillaume :** .... ?
>
> **La vendeuse :** Bien sûr.
>
> **Guillaume :** Alors voilà, 83 €.
>
> **La vendeuse :** C'est parfait, merci.
>
> **Guillaume :** .... ?
>
> **La vendeuse :** Bien sûr. Voilà vos objets et un sac.
>
> **Guillaume :** ....
>
> **La vendeuse :** Au revoir jeune homme.

2 - Vérifiez vos réponses en écoutant le dialogue.

Activité 22

Pour chaque situation, écoutez le prix total à payer. Entourez les billets et les pièces pour donner aux vendeurs les sommes exactes.

1 - Au supermarché

SE PRÉPARER

2 - Au restaurant

3 - À la boulangerie

Activité 23
Vous retrouvez Felipe à son épreuve de production orale du DELF A1 junior / scolaire. Écoutez la troisième partie de l'épreuve et complétez le texte.

> **Examinatrice :** La troisième partie est un dialogue simulé. Il y a une situation et nous jouons un rôle. Vous voulez obtenir un service ou un produit. Vous devez me poser des questions. Vous avez le sujet n°4 : à la cafétéria de votre centre de langues. Vous êtes dans un centre de langues à Paris. Vous mangez à la cafétéria. Vous posez des questions sur les plats, vous choisissez et vous payez. Je joue le rôle de l'employé de la cafétéria. Est-ce que ça va ? Nous pouvons commencer ?
>
> **Felipe :** Oui, ça va, merci.
>
> **Examinatrice :** Alors, nous commençons.
>
> **Felipe :** Bonjour madame.

production orale

Examinatrice : Bonjour.

Felipe : .... ?

Examinatrice : Aujourd'hui, nous avons des frites, du poulet, des légumes et du poisson.

Felipe : Qu'est-ce que c'est, les légumes ?

Examinatrice : Il y a des carottes, des brocolis et des haricots.

Felipe : .... des légumes avec du poulet ?

Examinatrice : Bien sûr. Quels légumes ?

Felipe : Des carottes ....

Examinatrice : D'accord.

Felipe : Et .... ?

Examinatrice : Nous avons un gâteau au citron ou un yaourt au chocolat.

Felipe : .... ?

Examinatrice : Le gâteau coûte 1,60 € et le yaourt coûte 1 €.

Felipe : Je .... le gâteau au citron s'il vous plaît.

Examinatrice : Est-ce que vous voulez autre chose ?

Felipe : Oui, je .... une boisson. Est-ce que vous avez un soda à l'orange ?

Examinatrice : Oui. Quelle taille est-ce que vous voulez ?

Felipe : .... s'il vous plaît.
.... ?

Examinatrice : Alors, c'est 6,20 €. Pour 6,50 €, vous avez un menu complet avec une entrée. Est-ce que vous voulez une entrée ?

Felipe : .... Voilà 6,20 €.

Examinatrice : Merci. Voilà votre plat, votre dessert et votre boisson.

Felipe : Merci, ...

Examinatrice : Au revoir. Merci Felipe. L'épreuve est terminée. Je prends avec moi le matériel. N'oubliez pas votre pièce d'identité et votre convocation. Bonne journée.

S'ENTRAÎNER

1 L'entretien dirigé

Exercice 1 — 4 points

Vous répondez aux questions de l'examinateur sur vous, votre famille, vos goûts ou vos activités.
Attention : 4 points pour les réponses aux questions ; il y a d'autres points pour le vocabulaire, la grammaire et la phonétique.

> ▸ L'entretien dirigé est la première partie de l'épreuve de production orale. Elle dure 1 minute environ. L'examinateur pose 5 à 6 questions environ.
> ▸ Vous ne devez pas préparer cette partie pendant les 10 minutes de préparation.
> ▸ Il y a 2 examinateurs. Un examinateur écrit des commentaires positifs et négatifs ; il ne parle pas. Le deuxième examinateur n'écrit pas ; il vous parle.
> ▸ N'oubliez pas de saluer les examinateurs quand vous entrez dans la salle de passation.

1 - Comment est-ce que vous vous appelez ?

Je m'appelle [prénom] + [nom]

▸ La question est générale : vous devez donner votre prénom et votre nom.

2 - Est-ce que vous pouvez épeler votre nom ?

Mon nom s'écrit…

3 - Où est-ce que vous habitez ?

J'habite à [nom de ville]. OU Mon adresse est…

▸ Parfois, il y a plusieurs réponses possibles. Par exemple, ici, avec le lieu d'habitation, vous pouvez donner votre ville ou votre adresse complète.

4 - Comment s'appellent vos parents ? Et ils ont quel âge ?

Mes parents s'appellent [prénom mère] et [prénom père]. Ma mère a … ans et mon père a … ans.

▸ Si l'examinateur pose 2 questions, vous devez donner 2 réponses.

5 - Qu'est-ce que vous faites le samedi ?

Le samedi, je vais au cinéma avec mes amis.

▸ Si vous ne savez pas quoi dire, vous pouvez inventer la réponse.
▸ Si vous ne comprenez pas une question, vous pouvez demander à l'examinateur de répéter. Il pose la même question avec d'autres mots. Vous ne perdez pas de points pour demander de répéter une question.
Exemple : *Est-ce que vous pouvez répéter s'il vous plaît ? Je ne comprends pas.*
▸ Répondez aux questions avec une phrase. Vous devez montrer aux examinateurs tout ce que vous savez en français.

production orale

JE RETIENS

- Je réponds à toutes les questions de l'examinateur.
- Je réponds avec une phrase.
- Je peux demander à l'examinateur de répéter une question.

Exercice 2 — 4 points

1 - Vous avez quel âge ? Quelle est votre date de naissance ?

2 - Combien de frères et sœurs est-ce que vous avez ? Comment ils s'appellent ?

3 - Quel type de musique est-ce que vous aimez ?

4 - Comment s'appelle votre école ? Vous êtes en quelle classe ?

5 - Quelles langues est-ce que vous parlez ?

Exercice 3 — 4 points

1 - Comment est votre chambre ?

2 - Qu'est-ce que vous faites avec vos amis ?

3 - Combien d'animaux est-ce que vous avez ? Comment ils s'appellent ?

4 - Comment est-ce que vous allez à l'école ?

5 - Quelles sont vos matières préférées à l'école ?

S'ENTRAÎNER

2 L'échange d'informations

Exercice 4 — 4 points

Vous voulez connaître l'examinateur. Il vous donne des papiers avec 6 mots. Vous lui posez des questions à l'aide des mots écrits sur les papiers.
Attention : 4 points pour les questions ; il y a d'autres points pour le vocabulaire, la grammaire et la phonétique.

- L'échange d'informations est la deuxième partie de l'épreuve de production orale. Elle dure 2 minutes environ. Vous posez 5 à 6 questions à l'examinateur.
- Pendant les 10 minutes de préparation, vous devez préparer cette partie. Utilisez environ 5 minutes pour préparer vos questions.
- Vous êtes dans une passation d'un examen officiel : vous devez dire « vous » à l'examinateur.
- Le mot écrit sur la carte est un thème. Il n'est pas obligatoire d'utiliser ce mot. Votre question doit être sur le thème. Exemple : **maison ?** = *chez vous, quelle est votre pièce préférée ?*

Bateau ?	Enfant ?	Livre ?
Hiver ?	Danser ?	Internet ?

Questions possibles :

Bateau : *Est-ce que vous avez un bateau ? Quels moyens de transport est-ce que vous avez ?*

Enfants : *Combien d'enfants est-ce que vous avez ? Comment s'appellent vos enfants ? Est-ce que vous avez une famille ?*

Livre : *Quel est votre livre préféré ? Combien de livres est-ce que vous lisez tous les ans ?*

Hiver : *Est-ce que vous aimez l'hiver ? Quelle est votre saison préférée ? Qu'est-ce que vous faites l'hiver ?*

Danser : *Quelle est votre danse préférée ? Avec qui est-ce que vous dansez dans les fêtes ?*

Internet : *À quelle heure est-ce que vous utilisez Internet ? Qu'est-ce que vous faites sur Internet ?*

- Vous devez montrer toutes les formes de questions que vous connaissez. Pensez à changer de mot interrogatif à chaque question : *quand, comment, où, quel, est-ce que…*

production orale

- Vous voulez connaître l'examinateur. Vous posez des questions sur sa vie, sa famille, ses activités, ses goûts, etc.
  Exemple : école ? ▸ question incorrecte : *combien d'écoles il y a dans la ville ?*
  ▸ question correcte : *comment s'appelle votre école ?*
- L'examinateur répond à vos questions. Vous devez réagir aux réponses de l'examinateur. « Réagir » signifie que vous devez montrer votre compréhension de la réponse de l'examinateur. Vous pouvez montrer votre compréhension avec une phrase (exemple : « *Moi aussi.* »), avec un mot (exemple : « *D'accord.* ») ou avec un mouvement du corps (exemples : mouvement de la tête, sourire).
  Exemple : – examinateur : *Mon école s'appelle Jean de La Fontaine.*
  – vous : *Je connais. Jean de La Fontaine, c'est mon école.*

JE RETIENS

- **Je prépare mes questions pendant 5 minutes.**
- **Je veux connaître l'examinateur :** je pose des questions sur sa vie, sa famille, ses goûts…
- **J'utilise différentes formes de questions :** *comment, quand, qui, quel, où…*
- **Je montre ma compréhension des réponses de l'examinateur.**

Exercice 5 *(4 points)*

Vous voulez connaître l'examinateur. Il vous donne des papiers avec 6 mots. Vous lui posez des questions à l'aide des mots écrits sur les papiers.

Lire ?	Mercredi ?	Restaurant ?
Profession ?	Chien ?	Fruit ?

Exercice 6 *(4 points)*

Vous voulez connaître l'examinateur. Il vous donne des papiers avec 6 mots. Vous lui posez des questions à l'aide des mots écrits sur les papiers.

Autobus ?	Français ?	Voyage ?
Voiture ?	Déjeuner ?	Parent ?

S'ENTRAÎNER

3 Le dialogue simulé

Exercice 7 (4 points)

Vous choisissez un sujet. Vous jouez la situation proposée. Vous vous informez sur le prix des produits que vous voulez acheter ou commander. Vous demandez les quantités souhaitées. Pour payer, vous disposez de photos de pièces de monnaie et de billets.
Attention : 4 points pour le dialogue ; il y a d'autres points pour le vocabulaire, la grammaire et la phonétique.

> ▸ Le dialogue simulé est la troisième partie de l'épreuve de production orale. Elle dure 2 minutes environ.
> ▸ Pendant les 10 minutes de préparation, vous devez préparer cette partie. Utilisez environ 5 minutes. Vous pouvez écrire les expressions pour saluer et prendre congé, les questions, les produits à acheter, etc.
> ▸ Vous jouez un rôle dans une situation. L'examinateur joue aussi un rôle. Vous devez adapter vos phrases.
> **Exemple :** si l'examinateur joue le rôle de votre ami, vous utilisez « tu » pour lui parler ; si l'examinateur joue le rôle d'un vendeur, vous utilisez « vous » pour lui parler.

Dans une boulangerie

▸ Il y a le titre du sujet. Le titre vous donne le contexte de la situation : vous êtes dans une boulangerie.

Vous êtes à Paris. Il est midi. Vous allez dans une boulangerie pour acheter votre déjeuner. Vous demandez des informations sur les produits, vous choisissez et vous payez.

▸ Lisez attentivement la consigne :
– vous êtes à Paris, en France et il est midi (12 h), l'heure de prendre le déjeuner ;
– vous allez dans une boulangerie ;
– vous devez poser des questions sur les produits : le pain, les sandwichs, les boissons… ;
– vous devez choisir un menu pour manger ;
– vous devez payer : vous demandez le prix total et vous donnez l'argent (billets et pièces en euros).

L'examinateur joue le rôle du vendeur.
L'examinateur est le vendeur. Vous ne connaissez pas le vendeur. Vous utilisez « vous » et des formules de politesse.

production orale

- Vous pouvez utiliser les images de p.128 pour vous aider.
  Vous pouvez utiliser d'autres mots.
  Exemples : *pain, croissant, viande, café, salade…*
- Vous êtes dans une situation réelle. Pensez à saluer au début du dialogue, à utiliser des formules de politesse (« *s'il vous plaît / s'il te plaît* », « *merci* », « *je voudrais* ») et à prendre congé.
- Vous devez parler ! C'est à vous de poser des questions et de donner des détails.
- Si vous ne comprenez pas l'examinateur, vous pouvez lui demander de répéter.
  Vous pouvez faire des petites pauses pour chercher vos mots.

JE RETIENS

- Je prépare l'activité pendant 5 minutes.
- J'adapte mes phrases à la situation (*tu/vous, salut/bonjour…*).
- Je pense à saluer et à prendre congé.
- Je pose des questions et je donne des informations.

Exercice 8 (4 points)

Vous choisissez un sujet. Vous jouez la situation proposée. Vous vous informez sur le prix des produits que vous voulez acheter ou commander. Vous demandez les quantités souhaitées. Pour payer, vous disposez de photos de pièces de monnaie et de billets.

Dans une papeterie

Vous arrivez en France. Pour votre nouvelle école, vous allez dans une papeterie pour acheter votre matériel scolaire. Vous demandez des informations sur les produits, vous choisissez et vous payez.
L'examinateur joue le rôle du vendeur.

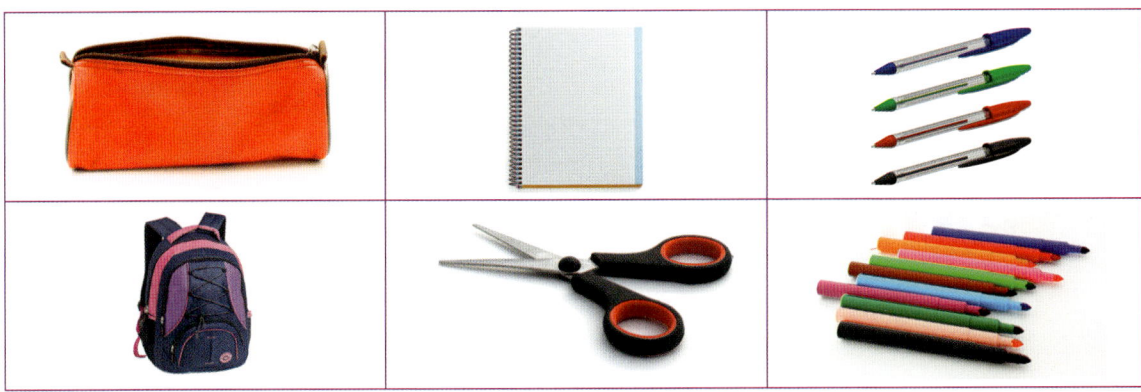

Prêt pour l'examen !

Communication

- Acheter des biens / Commander
- Connaître une personne
- Décrire une personne
- Demander des objets du quotidien, des produits alimentaires
- Donner des instructions orales
- Entrer en contact
- Parler de ses activités
- Parler de soi
- Se présenter
- Se renseigner

Socioculturel

Attitude à l'examen

- **Saluer** : *Bonjour Madame, Au revoir, Monsieur*
- **Utiliser le « vous »** : *Quel est votre âge ?*
- **Utiliser les formules de politesse** : *s'il vous plaît, merci, pardon, excusez-moi*
- Regarder l'examinateur dans les yeux. En France, c'est un signe de respect de son interlocuteur.
- Ne pas mâcher de chewing-gum ou jouer avec son stylo.

Grammaire

Les pronoms sujets et toniques

Les mots interrogatifs (quel, combien, est-ce que)

Les articles contractés

Les prépositions de lieu

Les adjectifs possessifs

Les verbes pronominaux

Vocabulaire

- Couleurs
- Goûts
- Logement
- Loisirs
- Nombres
- Prix
- Restaurant
- Sports
- Vêtements

STRATÉGIES

1. Avant de parler, je fais attention au statut des personnes pour m'adapter au registre de langue.

2. Pour renforcer mon message, je peux utiliser des gestes.

3. Il me manque un mot pour continuer ma phrase ? J'explique autrement, avec d'autres mots.

production orale

POUR DIRE

▸ **Acheter des biens/ Commander**
- Je voudrais 2 kilos de carottes s'il vous plaît.
- J'aimerais 500 grammes de fraises.
- J'aurais besoin d'une chemise bleue et d'une cravate.

▸ **Connaître une personne**
- Vous vous appelez comment ?
- Quelle est votre nationalité ?
- Vous aimez la musique ?
- Quel est votre animal préféré ?
- Vous habitez où ?

▸ **Décrire une personne**
- C'est ma mère. Elle est mexicaine. Elle a 65 ans.
- Elle est grande et brune.
- Elle a les cheveux courts.
- Elle a les yeux bleus.

▸ **Exprimer ses goûts**
- J'aime/J'adore voyager.
- Je déteste/Je n'aime pas le sport.
- Je ne supporte pas le golf.
- Je suis passionné(e) de musique.

▸ **Parler de ses activités**
- Je fais du tennis.
- Je lis des romans.
- Je jardine beaucoup.

▸ **Parler de soi**
- Je m'appelle Marcella. J'ai 48 ans. Je suis italienne. Je dirige une maison d'édition. J'ai un fils de 15 ans.

Il s'appelle Giovanni. J'habite à Naples dans un appartement.

▸ **Activités quotidiennes**
- Je me réveille.
- Je me lève.
- Je prends une douche.
- Je prends mon petit déjeuner.
- J'arrive à l'école à 8 heures.
- Je déjeune à la cantine.
- Je rentre chez moi à 17 heures.
- Je me couche à 23 heures.

▸ **Loisirs**
- Faire du tennis, de la peinture
- Jouer aux jeux vidéo
- Faire de la natation, du jogging
- Lire, la lecture
- Danser, chanter, dessiner
- Se promener
- Aller au cinéma
- Regarder la télévision

▸ **Logement**
- Une maison
- Un appartement
- Un studio
- Un hôtel
- La chambre
- La salle de bain
- Le salon

▸ **Poids, argent**
- Kilo
- Gramme
- Euros
- Centimes
- Pièces
- Billets

▸ **Couleurs**
- Blanc, noir, bleu, vert, rouge, jaune, rose, gris, brun

▸ **Nombres**
- 10   dix
- 20   vingt
- 21   vingt-et-un
- 30   trente
- 40   quarante
- 50   cinquante
- 60   soixante
- 70   soixante-dix
- 80   quatre-vingts
- 90   quatre-vingt-dix
- 100   cent
- 1 000   mille
- 10 000 dix mille
- 1 000 000 un million

▸ **Sports**
- Football
- Rugby
- Tennis
- Basketball
- Natation
- Équitation
- Le stade
- La piscine

▸ **Restaurant**
- La table
- Le serveur
- Le menu, la carte
- L'entrée, le plat principal, le dessert
- L'addition
- Manger, boire, payer

▸ **Vêtements**
- Une chemise, un pull, un t-shirt, un pantalon, un jean, une jupe, une veste, un manteau, des chaussures, une ceinture, des gants, un chapeau, un sac à main

Je suis prêt(e) ?

Les 4 questions à se poser

Je relis les rubriques « Je retiens » et je choisis les 4 conseils les plus importants pour moi :

1. ……   2. ……   3. ……   4. ……

Prêt pour l'examen !

À faire

avant l'examen

☐ **réviser** le vocabulaire
famille, loisirs, école, informations personnelles, sports, restaurant, vêtements

☐ **réviser** la grammaire
– les verbes en -er, masculin et féminin, singulier et pluriel
– les articles définis et indéfinis, adjectifs possessifs
– les adjectifs pour décrire le caractère

☐ **s'entraîner** à parler à voix haute, s'enregistrer ou travailler en groupe

le jour de l'examen

☐ respirer et se détendre
☐ faire répéter
☐ noter des idées, des mots, des phrases pendant le temps de préparation
☐ faire des réponses simples avec des mots pour relier vos idées *(et, alors, aussi)*
☐ toujours dire VOUS à l'examinateur et utiliser les formules de politesse

AUTO-ÉVALUATION

Compréhension de l'oral	Oui	Pas toujours	Pas encore
Je peux comprendre un événement dans un message sur répondeur.			
Je peux écouter des annonces simples à la radio ou dans un lieu public pour comprendre une information.			
Je peux comprendre des instructions simples dans un message oral court.			
Je peux identifier des situations dans des dialogues simples et courts.			
Je peux comprendre des objets cités dans un message court.			

Compréhension des écrits	Oui	Pas toujours	Pas encore
Je peux comprendre des instructions simples dans un texte écrit court.			
Je peux lire des indications pour comprendre un message et un itinéraire.			
Je peux repérer les informations importantes dans des annonces, des programmes, des règlements.			
Je peux lire un texte court pour comprendre des informations.			

Production écrite	Oui	Pas toujours	Pas encore
Je peux écrire des informations personnelles dans un formulaire.			
Je peux commencer et terminer un message simple à l'écrit.			
Je peux écrire des messages simples pour donner des nouvelles, raconter des activités ou annoncer un événement.			

Production orale	Oui	Pas toujours	Pas encore
Je peux répondre à des questions simples pour donner des informations personnelles.			
Je peux poser des questions simples pour obtenir des informations personnelles.			
Je peux obtenir des informations sur des produits et acheter un bien ou un service au restaurant, dans un magasin, dans un club de sports, etc.			

Épreuve blanche DELF A1 junior / scolaire

ÉPREUVE COLLECTIVE

Compréhension de l'oral

20 minutes 25 points

Vous allez écouter plusieurs documents. Il y a 2 écoutes.
Avant chaque écoute, vous entendez le son suivant : 🔔 .
Dans les exercices 1, 2, 3 et 5, pour répondre aux questions, cochez (☑) la bonne réponse.

Exercice 1 4 points

Vous écoutez ce message de votre ami Pierre.
Répondez aux questions.

1. Pierre habite dans l'appartement… 1 point
A. ☐ B.   B. ☐ D.   C. ☐ T.

2. Quand est la fête ? 1 point
A. ☐ Vendredi après-midi.
B. ☐ Vendredi, toute la journée.
C. ☐ Vendredi, en fin de journée.

3. Où est l'appartement de Philippe ? 1 point
A. ☐ Au 1er étage.   B. ☐ Au 2e étage.   C. ☐ Au 3e étage.

4. Qu'est-ce que vous devez faire pour aller à la fête ? 1 point

A. ☐   B. ☐   C. ☐

Exercice 2 4 points

Vous entendez cette annonce à l'aéroport, en France.
Répondez aux questions.

1. Quel est le numéro de votre vol ? 1 point
A. ☐ 1649.   B. ☐ 1689.   C. ☐ 1840.

2. Qu'est-ce que vous devez montrer dans le hall n°6 ? 1 point

A. ☐   B. ☐   C. ☐

3. Où est-ce que vous devez aller pour vos questions sur Paris ? 1 point
A. ☐ Dans le hall n° 6.
B. ☐ Au bureau des informations.
C. ☐ Dans les bureaux de l'aéroport.

4. Quels moyens de transport est-ce que vous pouvez prendre à la sortie ? 1 point

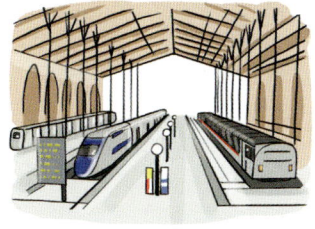  

A. ☐   B. ☐   C. ☐

Exercice 3   4 points

Vous habitez chez une famille française. Le père de la famille vous parle. Répondez aux questions.

1. Où sont les médicaments ? 1 point
A. ☐ Dans la cuisine.   B. ☐ Dans la chambre.   C. ☐ Dans la salle de bains.

2. Si vous avez mal à la tête, combien de médicaments est-ce que vous pouvez prendre ? 1 point
A. ☐ 1.   B. ☐ 3.   C. ☐ 5.

3. Qu'est-ce que vous devez manger ? 1 point
A. ☐ Du riz et du poulet.   B. ☐ Des frites et du poulet.   C. ☐ Des légumes et du poulet.

4. Qu'est-ce que vous devez faire dans une heure ? 1 point
A. ☐ Manger le repas.   B. ☐ Prendre les médicaments.   C. ☐ Appeler le père de la famille.

Exercice 4   8 points

Vous allez entendre quatre petits dialogues correspondant à quatre situations différentes. Il y a 15 secondes de pause après chaque dialogue. Notez, sous chaque image, le numéro du dialogue qui correspond. Puis vous allez entendre à nouveau les dialogues. Vous pouvez compléter vos réponses. Regardez les images. Attention, il y a six images (A, B, C, D, E et F) mais seulement quatre dialogues.

Image D	Image E	Image F
Situation n°	Situation n°	Situation n° ....

Exercice 5 **5 points**

Vous allez entendre un message. Quels objets sont donnés dans le message ? Vous entendez le nom de l'objet ? Cochez (☑) OUI. Sinon, cochez (☑) NON. Puis vous allez entendre à nouveau le message. Vous pouvez compléter vos réponses.

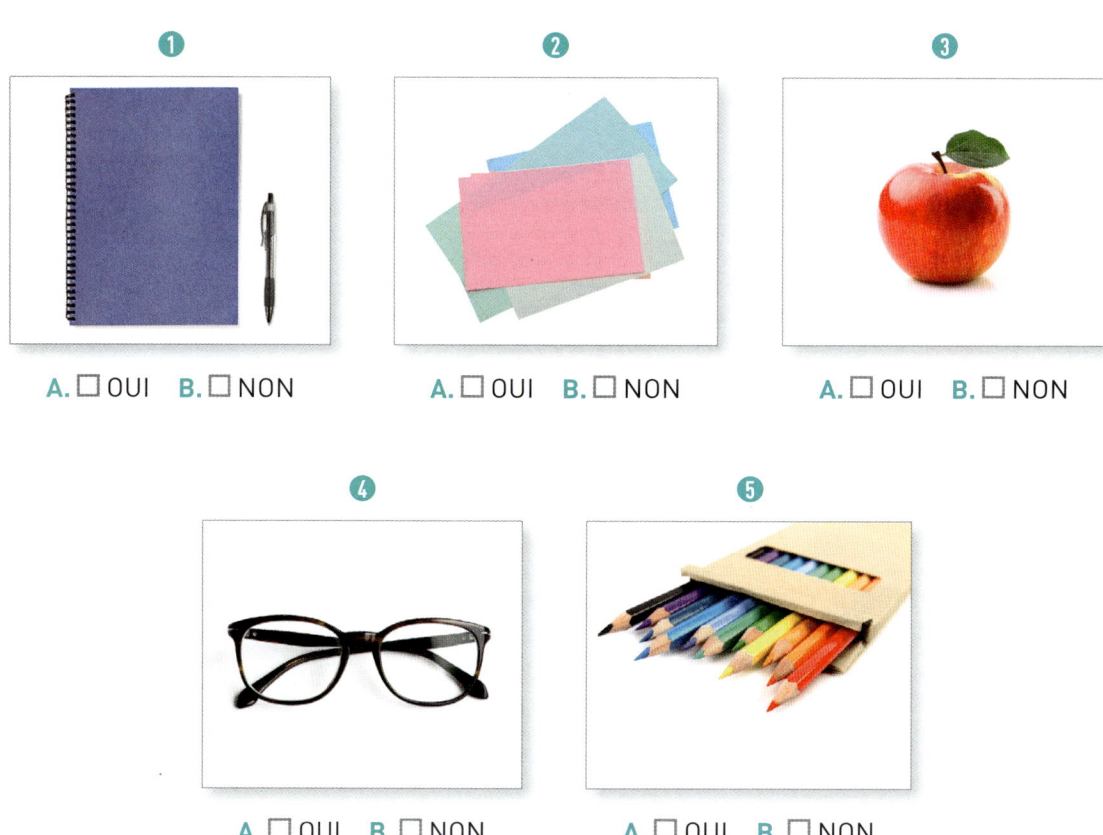

Compréhension des écrits   30 minutes   25 points

Pour répondre aux questions, cochez (☑) la bonne réponse.

Exercice 1   6 points

Vous habitez en France. Vous recevez ce message de votre ami Alan.

> Salut,
> Samedi, je vais au centre commercial. Si tu veux, tu peux venir avec moi. Avec ma sœur, on va manger au restaurant du centre commercial. On se voit après ? Attends-moi à 15 h devant le vendeur de glaces. J'ai 10 € alors je t'invite à manger une glace. Et on peut acheter ton nouveau manteau aussi. Appelle-moi sur mon téléphone portable pour me donner ta réponse.
> À bientôt.
> Alan

Répondez aux questions.

1. Où est-ce qu'Alan vous invite ?   1,5 point

A. ☐   B. ☐   C. ☐

2. Où est-ce que vous devez attendre Alan ?   1 point
A. ☐ Près du vendeur de glaces.
B. ☐ À l'intérieur de la pâtisserie.
C. ☐ Devant l'entrée du restaurant.

3. Combien d'argent est-ce qu'Alan a ?   1 point
A. ☐ 10 €.   B. ☐ 15 €.   C. ☐ 20 €.

4. Qu'est-ce que vous devez acheter ?   1,5 point

A. ☐   B. ☐   C. ☐

5. Vous devez appeler Alan…   1 point
A. ☐ chez lui.   B. ☐ sur son téléphone portable.   C. ☐ sur le téléphone portable de sa sœur.

Exercice 2 — 6 points

Vous étudiez en France. Vous trouvez ce message de votre amie Denise dans votre boîte aux lettres.

> Fête d'au revoir
>
> Mon séjour en France se termine. Je rentre chez moi. J'organise une fête dans mon appartement. J'apporte les boissons. Est-ce que tu peux apporter un dessert ? Rendez-vous vendredi à partir de 18 h 30. Du supermarché, prends le boulevard Saint-Germain. Tourne à droite après la boulangerie. Tu passes devant l'école et tu tournes à gauche. Mon immeuble est en face du cinéma. Tu as mon numéro de téléphone. Est-ce que tu peux m'envoyer le tien ?
>
> À vendredi.
>
> Denise

Répondez aux questions.

1. Pourquoi Denise organise une fête ? *1 point*
A. ☐ Elle part en France.
B. ☐ Elle va dans son pays.
C. ☐ Elle a un nouvel appartement.

2. Qu'est-ce que vous devez apporter ? *1 point*
A. ☐ Un dessert.   B. ☐ Une boisson.   C. ☐ Une baguette.

3. À quelle heure commence la fête ? *1 point*
A. ☐ À 18 h.   B. ☐ À 18 h 30.   C. ☐ À 19 h 30.

4. Quel chemin Denise vous dit de prendre ? *2 points*

A. ☐

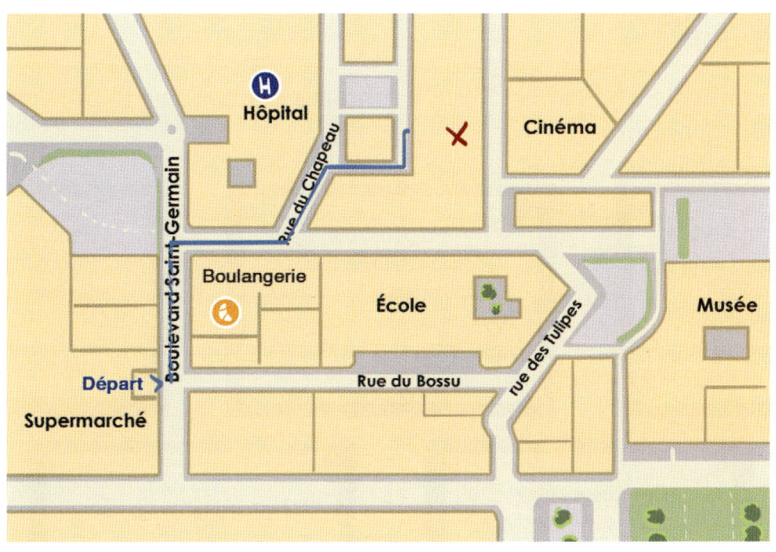

B. ☐

C. ☐

5. Qu'est-ce que Denise vous demande ? 1 point
A. ☐ De lui donner son téléphone.
B. ☐ De l'appeler sur son téléphone.
C. ☐ De lui donner votre numéro de téléphone.

Exercice 3   6 points

Vous visitez une école en France. Vous souhaitez rencontrer le personnel. Vous lisez le programme.

> **Professeur d'université**
> Des questions sur les universités ? Rencontrez M. Durand en salle 204

> **Responsable de la bibliothèque**
> La responsable fait visiter la bibliothèque. Début des visites toutes les 30 minutes.

> **Rencontre d'élèves**
> Posez vos questions aux élèves de l'école en salle 302. Merci de prendre rendez-vous à l'accueil.

> **Des questions ?**
> Pour toutes vos questions, allez voir Mme Serge. Elle est devant le bureau du directeur.

> **Professeur d'histoire**
> Notre professeur d'histoire, M. Lemaire, vous attend en salle 308.

Répondez aux questions.

1. Vous voulez des informations sur la matière « histoire ». Vous allez dans quelle salle ?   *1,5 point*
A. ☐ 204.   B. ☐ 302.   C. ☐ 308.

2. Quand est-ce que les visites de la bibliothèque commencent ?   *1,5 point*
A. ☐ Toutes les 30 minutes.
B. ☐ Toutes les heures.
C. ☐ Dans 1 heure et 30 minutes.

3. Où est Mme Serge ?   *1 point*
A. ☐ Devant l'accueil.
B. ☐ En face du directeur.
C. ☐ Dans la bibliothèque.

4. Pour rencontrer les élèves, vous devez aller d'abord…   *1 point*
A. ☐ à l'accueil.
B. ☐ dans la salle 302.
C. ☐ au bureau du directeur.

5. Vous préparez votre avenir et vous souhaitez étudier en France. Qui est-ce que vous allez voir ?   *1 point*
A. ☐ M. Durand.
B. ☐ M. Lemaire.
C. ☐ Mme Serge.

Exercice 4 — 7 points

Vous lisez ce texte dans un journal français.

Le repas du midi des élèves

Les cours terminent à midi. Quelques élèves vont manger chez eux mais 60 % restent à l'école.

Le repas de la cantine commence à 12 h 15. Il se termine à 13 h 15. Les cours de l'après-midi commencent à 13 h 30. C'est très rapide !

En général, les élèves préfèrent manger du poulet et des frites. Aujourd'hui, la cantine doit donner tous les jours des fruits et des légumes.

Les prix sont différents dans les écoles : entre 1,50 € et 5,50 € pour un repas.

Beaucoup de professeurs mangent aussi à la cantine.

Répondez aux questions.

1. Ce texte parle du repas... *1 point*
A. ☐ à la maison.
B. ☐ à la cantine.
C. ☐ au restaurant.

2. Quelle est l'heure du début du repas ? *1,5 point*
A. ☐ 12 h 15.
B. ☐ 13 h 15.
C. ☐ 13 h 30.

3. Qu'est-ce que les élèves peuvent manger tous les jours ? *2 points*

A. ☐   B. ☐   C. ☐

4. Quels sont les prix des repas ? *1 point*
A. ☐ Entre 1,50 € et 5,50 €.
B. ☐ Entre 3,50 € et 5,50 €.
C. ☐ Entre 5,50 € et 15 €.

5. Qui mange avec les élèves ? *1,5 point*
A. ☐ Les parents.
B. ☐ Les directeurs.
C. ☐ Les professeurs.

Épreuve blanche DELF A1 junior / scolaire

ÉPREUVE COLLECTIVE

Production écrite

30 minutes — **25 points**

Exercice 1 — 10 points

Vous voulez étudier en France. Vous demandez à une école de vous envoyer des informations. Remplissez le formulaire.

Pour recevoir des informations sur notre école, merci de remplir ce formulaire.	
NOM : XXXXXXXXXXXXXXXXXXXXXXXXX	
Prénom :	1 point
Date de naissance :	1 point
Nationalité :	1 point
Adresse personnelle :	1 point
Ville :	1 point
Pays :	1 point
Adresse électronique :	1 point
Matières préférées (2) :	1 point
	1 point
Langue(s) parlée(s) :	1 point

Exercice 2 — 15 points

Vous envoyez un message à votre ami français. Vous organisez une fête chez vous et vous invitez votre ami. Vous donnez des informations sur la fête. Vous demandez une réponse. (40 mots minimum)

Épreuve blanche DELF A1 junior / scolaire

Production orale

5 à 7 minutes   **25 points**

Préparation : 10 minutes   Passation : 5 à 7 minutes

L'épreuve se déroule en trois parties : un entretien dirigé, un échange d'informations et un dialogue simulé (ou jeu de rôle). Elle dure de 5 à 7 minutes.
Vous disposez de 10 minutes de préparation pour les parties 2 et 3 (échange d'informations et dialogue simulé).

Partie 1 Entretien dirigé   sans préparation   1 minute environ

Vous répondez aux questions de l'examinateur sur vous, votre famille, vos goûts ou vos **activités** (exemples : *Comment vous vous appelez ? Quelle est votre nationalité ?...*).

Partie 2 Échange d'informations   avec préparation   2 minutes environ

Vous voulez connaître l'examinateur. Vous lui posez des questions à l'aide des mots écrits sur les cartes. Vous ne devez pas obligatoirement utiliser le mot, vous pouvez poser une question sur le thème.

Dimanche ?	Écrire ?	Ordinateur ?
Montre ?	Film ?	Saison ?

Partie 3 Dialogue simulé ou jeu de rôle   avec préparation   2 minutes environ

Vous jouez la situation proposée.
Vous vous informez sur le prix des produits que vous voulez acheter ou commander. Vous demandez les quantités souhaitées. Pour payer, vous disposez de photos de pièces de monnaie et de billets.
N'oubliez pas de saluer et d'utiliser des formules de politesse.

Sujet **Dans une cafétéria**

Vous êtes à Lille, en France. Vous allez dans une cafétéria pour manger. Vous demandez des informations sur les produits, vous choisissez et vous payez.

L'examinateur joue le rôle du serveur.

ÉPREUVE INDIVIDUELLE

ATTESTATION À DÉCOUPER

Attestation

Je suis 100 % prêt(e) pour l'examen DELF A1
scolaire et junior

Notez votre prénom et votre nom :

....

Fait à .... (Ville), le .... / .... / .... (date du jour)

didier
Français Langue Étrangère

Vous avez…

- fait toutes les activités « Se préparer » ;
- fait tous les exercices « S'entraîner » ;
- lu les « notes » et les pages « Prêt pour l'examen » ;
- réalisé l'auto-évaluation ;
- réussi l'épreuve blanche.

Bravo ! Cette attestation est pour vous !

didier
Français Langue Étrangère

COMMENT LA PRODUCTION ÉCRITE A1 EST ÉVALUÉE ?

Les correcteurs habilités sont dotés d'une grille pour évaluer l'exercice 2 de production écrite.

Il y a **5 critères** pour évaluer plusieurs compétences.

Compétence pragmatique : les correcteurs vérifient si le candidat est capable d'écrire un message simple qui répond à la consigne ; ils vérifient également si le candidat peut produire des phrases simples et les relier avec des connecteurs élémentaires.

Compétence sociolinguistique : les correcteurs vérifient si le candidat peut utiliser les formules de politesse élémentaires et adapter sa production à la situation.

Compétence linguistique : les correcteurs vérifient si le candidat est capable d'utiliser un répertoire de mots adéquats à la situation, d'orthographier correctement les mots appartenant à son répertoire élémentaire et d'utiliser correctement des structures syntaxiques et des formes grammaticales simples.

Si la production du candidat ne respecte pas la consigne, s'il n'écrit pas suffisamment de mots ou s'il ne complète pas l'exercice, les correcteurs cochent une « anomalie » et suivent les instructions indiquées dans la grille.

Critères		Niveau de performance			
		Non répondu ou production insuffisante	En dessous du niveau ciblé	Au niveau ciblé	
				A1	A1+
Compétence pragmatique	Réalisation de la tâche	☐ 0	☐ 0,5	☐ 2	☐ 3
	Cohérence et cohésion	☐ 0	☐ 0,5	☐ 2	☐ 3
Compétence sociolinguistique	Adéquation sociolinguistique	☐ 0	☐ 0,5	☐ 2	☐ 3
Compétence linguistique	Lexique	☐ 0	☐ 0,5	☐ 2	☐ 3
	Morphosyntaxe	☐ 0	☐ 0,5	☐ 2	☐ 3
Anomalies exercice 2	*Si la production contient des anomalies, veuillez cocher la ou les cases correspondantes :* ☐ Hors-sujet thématique : le candidat ne peut pas être identifié « A1+ » pour les critères « réalisation de la tâche » et « lexique ». ☐ Hors-sujet discursif : le candidat ne peut être identifié ni « A1 » ni « A1+ » pour les critères « réalisation de la tâche » et « cohérence et cohésion ». ☐ Hors-sujet complet (thématique et discursif) : attribuez la note 0 aux critères « réalisation de la tâche », « cohérence et cohésion » et « adéquation sociolinguistique ». Le candidat ne peut être identifié ni « A1 » ni « A1+ » pour les critères « lexique » et « morphosyntaxe ». ☐ Copie blanche : attribuez 0 à l'ensemble des critères de cet exercice. ☐ Manque de matière évaluable : si le candidat produit moins de 50 % du nombre de mots attendus (soit 19 mots ou moins), attribuez 0 à l'ensemble des critères de cet exercice.				

COMMENT LA PRODUCTION ORALE A1 EST ÉVALUÉE ?

Les examinateurs habilités sont dotés d'une grille pour évaluer l'épreuve de production orale.

Il y a **6 critères** pour évaluer plusieurs compétences.

Compétences pragmatique et sociolinguistique : les examinateurs vérifient si le candidat peut se présenter et parler de sa vie quotidienne ; ils vérifient également si le candidat est capable de poser des questions, d'établir et de gérer un échange social court en utilisant les formes de politesse les plus fréquentes.

Compétence linguistique : les examinateurs vérifient si le candidat est capable d'utiliser un répertoire de mot adéquats à la situation et d'utiliser correctement des structures syntaxiques et des formes grammaticales simples ; ils vérifient également si le candidat peut prononcer correctement un répertoire d'expressions simples et de mots familiers.

		Niveau de performance			
		Non répondu ou production insuffisante	En dessous du niveau ciblé	Au niveau ciblé	
Critères				A1	A1+
Compétences pragmatique et sociolinguistique	Réalisation de la tâche : entretien dirigé (1 minute environ)	☐ 0	☐ 1	☐ 2,5	☐ 4
	Réalisation de la tâche : échange d'informations (2 minutes environ)	☐ 0	☐ 1	☐ 2,5	☐ 4
	Réalisation de la tâche : dialogue simulé (2 minutes environ)	☐ 0	☐ 1	☐ 2,5	☐ 4
Compétence linguistique (pour les trois parties de l'épreuve)	Lexique	☐ 0	☐ 1	☐ 3	☐ 5
	Morphosyntaxe	☐ 0	☐ 1	☐ 2,5	☐ 4
	Maîtrise du système phonologique	☐ 0	☐ 1	☐ 2,5	☐ 4

TRANSCRIPTIONS

Compréhension de l'oral

SE PRÉPARER

Activité 1, p. 12 — PISTE 2

Message n° 1
Allô ? C'est Sofia. Est-ce que tu veux venir jouer chez moi demain ? Appelle-moi. Au revoir.

Message n° 2
Salut, c'est Mathieu. Qu'est-ce que tu fais samedi après-midi ? À bientôt !

Message n° 3
Bonjour, c'est Sarah. Tu es toujours d'accord pour aller au cinéma mercredi ? J'attends ton appel. À mercredi !

Activité 2, p. 12 — PISTE 3

Message n° 1
Salut ma chérie. Appelle-moi quand tu peux. Bisous. Maman.

Message n° 2
Salut ! Avec les copains, on va à la piscine après l'école. Tu viens avec nous ?

Message n° 3
Allô ? Papa demande où tu es. Est-ce que tu peux l'appeler ?

Activité 3, p. 13 — PISTE 4

Message n° 1
Salut, c'est Nicolas. Dimanche, je vais au parc avec mes parents. Est-ce que tu veux venir avec nous ? Appelle-moi.

Message n° 2
Allô ? C'est Sacha. Samedi, c'est mon anniversaire. Est-ce que tu viens ? À samedi.

Message n° 3
Salut ! C'est Lucie. Vendredi, on va au musée. Appelle-moi pour me donner l'heure.

Activité 4, p. 13 — PISTE 5

Message n° 1
Allô ? C'est ta mère. Est-ce que tu peux m'appeler sur mon téléphone portable s'il te plaît ? Je téléphone à la maison mais tu n'y es pas. Ah, et est-ce que tu peux acheter une baguette pour ce soir ? Merci. À tout à l'heure.

Message n° 2
Salut ! Est-ce que tu peux m'aider pour les devoirs ? Je ne comprends pas le cours de mathématiques de cet après-midi. Ma mère n'est pas à la maison pour m'aider. Tu peux m'appeler chez moi ? Merci. Bonne soirée.

Activité 5, p. 14 — PISTE 6

Message n° 1
Salut, c'est Tom. Je t'appelle pour t'inviter à mon anniversaire. C'est samedi, à 15 h, dans mon jardin. J'attends ta réponse. Salut !

Message n° 2
Bonjour, c'est Mme Rosy, de la bibliothèque de l'école. Mardi matin, nous allons donner des livres gratuits. Je sais que vous aimez lire, alors venez ! Au revoir.

Message n° 3
Allô ! C'est moi, Émilie. Tu es toujours d'accord pour apporter des boissons à la fête du cours de français ? C'est vendredi, dans la salle 202. Merci.

Message n° 4
Allô, mon chéri ? Est-ce que tu peux acheter du pain pour le dîner de ce soir s'il te plaît ? Merci. À tout à l'heure.

Message n° 5
Allô ? C'est maman. Je te laisse ce message pour te demander d'aller à la pharmacie. Donne mon nom au pharmacien, tout est prêt. Merci.

Message n° 6
Salut, c'est Walter. Est-ce que tu veux venir regarder un film chez moi samedi ? Ma mère va faire des crêpes. Réponds-moi. À bientôt.

Activité 6, p. 14 — PISTE 7

Message n° 1
Allô, c'est Nadia. Pour le repas de mardi à l'école, est-ce que tu peux apporter des assiettes s'il te plaît ? Luc apporte des boissons et Marc s'occupe des serviettes. Merci.

Message n° 2
Allô ? C'est papa. Pour l'anniversaire de ta sœur, est-ce que tu peux aller acheter un cadeau s'il te plaît ? Ta mère prépare le repas et moi je suis au bureau. Merci. Bisous.

Message n° 3
Salut, c'est Sami. Demain, je ne peux pas aller à l'école. Est-ce que tu peux prendre mes devoirs ? J'appelle le professeur demain matin. Merci beaucoup.

Message n° 4
Allô ? C'est la secrétaire de la directrice. Vous pouvez avoir votre carte d'étudiant au bureau 110. Avec la carte, vous pouvez aller à la bibliothèque maintenant. Au revoir.

Activité 7, p. 15 — PISTE 8

Message n° 1
Salut, c'est Cindy. Jeudi, je vais au parc. Est-ce que tu veux venir ? Prends ton vélo. Le rendez-vous est devant chez moi à 9 h. À plus tard.

Message n° 2
Salut, c'est Marion. Est-ce que tu veux aller vendredi au musée ? Apporte un cahier. On va dessiner. Tu peux venir au musée à 11 h. Au revoir.

Activité 8, p. 15 — PISTE 9

a. Seize.
b. Cent-huit.
c. Quatre cent soixante-dix-neuf.
d. Cinq cent quatre-vingts.
e. Mille quatre-vingt-dix-huit.
f. Six mille sept cent soixante-et-onze.

Activité 9, p. 15 (PISTE 10)

1. 17 – **2.** 36 – **3.** 93 – **4.** 170 – **5.** 81 – **6.** 60

Activité 10, p. 16 (PISTE 11)

Phrase n° 1
Vendredi après-midi, il y a quatre films au cinéma. Lequel tu préfères ?

Phrase n° 2
Ce soir, je ne peux pas. Treize amis viennent à la maison pour dîner.

Phrase n° 3
Sylvain, où sont les autres élèves ? Normalement, vous êtes vingt.

Phrase n° 4
Tu manges deux desserts ? C'est beaucoup !

Phrase n° 5
J'ai dix-neuf sur vingt à mon devoir. Super !

Activité 11, p. 16 (PISTE 12)

Message n° 1
Est-ce que tu peux aller à l'épicerie ? Achète un litre de lait s'il te plaît.

Message n° 2
Est-ce que tu pourrais acheter trois kilos de tomates s'il te plaît ? Merci !

Message n° 3
Allô ? Nous partons en vacances et je suis trop content ! Il fait 28 degrés à Cannes.

Message n° 4
Vite ! Nous devons aller au centre commercial. Il y a 30 % de réduction !

Message n° 5
Valentin est grand. Il mesure un mètre soixante-et-onze. Moi, je suis petite ! Je suis triste ! Appelle-moi.

Activité 12, p. 16 (PISTE 13)

Message n° 1
Allô ? C'est Sophie. Appelle-moi au 06.55.87.23.12. À tout à l'heure.

Message n° 2
Salut, c'est Daniel. Si tu veux venir au parc aquatique, appelle-moi chez moi. Mon numéro est le 01.75.80.18.99. À plus tard.

Message n° 3
Allô, c'est Maxime. J'ai un nouveau numéro de téléphone portable. C'est le 07.66.00.47.11. Salut !

Message n° 4
Bonjour, c'est M. Legrand. J'attends votre appel pour l'inscription. Je suis à l'école. Le numéro de téléphone est le 03.21.85.07.70. Au revoir.

Activité 13, p. 17 (PISTE 14)

Message n° 1
Bonne nouvelle ! La chanteuse préférée des jeunes, Katy Perry, vient à Paris pour un grand concert. Et elle va chanter toutes les chansons de son nouveau CD. Gagnez vos billets pour le concert sur le site internet de la radio.

Message n° 2
La ville de La Rochelle propose un nouveau parc avec des fleurs du monde entier. À côté de la plage, vous pouvez marcher le long de la mer et vous reposer au milieu des fleurs. Le parc propose des visites pour observer les fleurs.

Message n° 3
Nouveau centre commercial dans le centre-ville de Saint-Tropez ! Plus de 30 boutiques et 5 restaurants sont ouverts du lundi au samedi. Le centre commercial se trouve en face du musée d'histoire.

Activité 14, p. 17 (PISTE 15)

Flash info
Visitez les écoles de la ville ! À partir de demain, vous pouvez visiter toutes les écoles de la ville jusqu'à jeudi. Les professeurs répondent à vos questions. Vous rencontrez les élèves et des parents d'élèves. La semaine prochaine, les universités ouvrent leurs portes. C'est le moment de choisir votre avenir !

Activité 15, p. 17 (PISTE 16)

Message n° 1
Le musée d'art moderne invite tous les jeunes de moins de 16 ans à participer à son concours. Il faut dessiner un animal avec cinq couleurs différentes. Pour participer au concours, rendez-vous sur notre site internet.

Message n° 2
Le nouveau restaurant Del Amor propose des menus pour les jeunes. Nous adorons les menus parce que c'est entre la restauration rapide pour les jeunes et la gastronomie classique pour adultes. Allez-y ! Vous allez adorer.

Message n° 3
Le cinéma Le Grand Rex à Paris organise des séances pour les enfants le dimanche matin. Toutes les informations sur le site internet du cinéma.

Activité 16, p. 18 (PISTE 17)

Annonce
Bienvenue dans votre centre commercial. Rendez-vous dans votre magasin de vêtements Tara pour la grande promotion avec 50 % de réduction. Et aussi 30 % de réduction dans le magasin Le Lapin du Sud sur tous les livres. Bonne journée.

Activité 17, p. 18 (PISTE 18)

Annonce
Mesdames, messieurs. Le train à destination de Lyon partira à 10 h 06 en voie D. Le train à destination de Lille partira avec un retard de 30 minutes à 11 h 13 en voie E.

Activité 18, p. 18 (PISTE 19)

Annonce
Mesdames, messieurs. La Poste ferme dans 15 minutes. Nous ouvrons cet après-midi à 14 h. Pour les colis, merci d'aller au bureau 4 et pour les lettres, au bureau 8. Merci.

Activité 19, p. 19 (PISTE 20)

Message n° 1
Demain, du soleil sur toute la France. Soleil au Nord et au Sud !

Message n° 2
Lundi, il y a de la pluie et des orages. Beaucoup de pluie dans le Nord et de la pluie et des orages dans le Sud.
Message n° 3
Il fait beau dans le nord de la France avec beaucoup de soleil. Il fait mauvais dans le sud de la France avec des nuages et de la pluie.
Message n° 4
Voici la météo pour demain. Nuages dans le nord de la France, soleil dans l'Ouest mais pluie dans l'est de la France. Et bien sûr, un grand soleil dans le Sud !

Activité 20, p. 19 PISTE 21
Message n° 1
À Belcastel, du vent et une température de 5 degrés dans le joli village. Attention au froid pour les animaux !
Message n° 2
À Biarritz, pas possible d'aller à la plage. La mer sera froide. Il fera mauvais avec de la pluie toute la journée et des orages l'après-midi.
Message n° 3
Pour Courchevel, le ski est au rendez-vous avec un grand soleil. Seulement quelques nuages en fin de journée. Amusez-vous bien en montagne !

Activité 21, p. 19 PISTE 22
Et voici la météo pour la semaine à Paris. Demain, lundi, le temps sera beau avec du soleil le matin et l'après-midi. Les températures seront de 15 degrés le matin et 23 degrés l'après-midi. Mardi, attention, de la pluie le matin et des nuages l'après-midi. Seulement 7 degrés le matin et ensuite 16 degrés l'après-midi. Mercredi, de la pluie toute la journée. 13 degrés l'après-midi et 10 degrés le matin. Jeudi, du soleil enfin toute la journée. Et 20 degrés du matin au soir. Vendredi, du vent le matin et peut-être de la neige l'après-midi. Le temps sera froid avec 4 degrés le matin et 9 degrés dans l'après-midi. Samedi et dimanche, même climat : des nuages et du vent les matins et après-midi. Samedi matin, nous attendons 5 degrés et 11 degrés l'après-midi. Dimanche, 8 degrés le matin et ensuite 17 degrés. Bonne semaine à Paris !

Activité 22, p. 20 PISTE 23
Message n° 1
Je t'attends à la maison à midi.
Message n° 2
Ton rendez-vous avec le professeur de piano est à une heure et demie.
Message n° 3
Ton cours de mathématiques est à onze heures et quart.
Message n° 4
Tu dois dormir ! Il est vingt-deux heures vingt-cinq.
Message n° 5
Rendez-vous au musée à six heures moins le quart.

Activité 23, p. 20 PISTE 24
Message n° 1
Il est tard. Il est minuit. Arrête de lire et dors !

Message n° 2
Je t'attends dans mon bureau à neuf heures et demie.
Message n° 3
À dix heures dix ? C'est tôt !

Activité 24, p. 20 PISTE 25
Message n° 1
Allô ? Bonjour, c'est la secrétaire du docteur Leprince. Je vous rappelle votre rendez-vous de lundi à quatorze heures quinze. Au revoir.
Message n° 2
Vous avez rendez-vous avec votre professeur de français à onze heures et demie. Votre rendez-vous avec le directeur de l'école est à midi. Ne soyez pas en retard.
Message n° 3
Je vais chez Julien à dix-huit heures. Sa mère arrive à dix-huit heures quinze. On t'attend devant le cinéma à dix-huit heures quarante-cinq, d'accord ?
Message n° 4
Nous allons au parc demain après-midi à trois heures. Est-ce que tu veux venir ? Appelle-moi.

Activité 25, p. 21 PISTE 26
Dialogue n° 1
– Paul, qu'est-ce que tu fais ?
– Je lis un livre, maman.
Dialogue n° 2
– Manon, tu vas où ?
– Je vais au parc avec Jérôme.
Dialogue n° 3
– Bonjour. Est-ce que je peux vous aider ?
– Je voudrais acheter un bouquet de fleurs.
Dialogue n° 4
– Qu'est-ce que tu fais ?
– Je vais essayer le pull.
Dialogue n° 5
– Allez, monte dans le train. Il va partir.
– Oui, merci.

Activité 26, p. 21 PISTE 27
Étape 1
Pour notre voyage à Paris, la première étape est de connaître le prix des billets d'avion. Appelle une agence de voyages.
Étape 2
La deuxième étape est de préparer la visite des monuments. Je pense qu'il faut visiter la tour Eiffel et l'Arc de Triomphe.
Étape 3
Il ne faut pas oublier la troisième étape. C'est important. Nous devons chercher un hôtel. Nous sommes 18 personnes pour le voyage. Il faut écrire aux hôtels pour demander les prix.

Activité 27, p. 22 PISTE 28
Message n° 1
Bonjour. Pour votre inscription à l'université, nous avons besoin d'une photocopie de votre pièce d'identité. Vous pouvez nous envoyer la photocopie par courrier. Merci. Au revoir.

Message n° 2
Allô, c'est votre professeur d'histoire. Je n'ai pas votre devoir. Merci de m'envoyer par courrier électronique le devoir pour demain. Bonne journée.
Message n° 3
Allô, c'est maman. Est-ce que tu peux envoyer la carte d'anniversaire à ta grand-mère s'il te plaît ? La carte est sur la table de la cuisine. Merci. À tout à l'heure.

Activité 28, p. 22 PISTE 29
Message n° 1
Salut, c'est moi. Est-ce que tu peux aller chercher ta petite sœur à l'école ce soir s'il te plaît ? On se voit à la maison ce soir. Merci. Bisous.
Message n° 2
Bonjour. Pour demain, il faut apporter des feuilles et de la colle. Nous allons faire un cadeau pour la fête des Pères. Vous pouvez m'appeler si vous avez des questions. À demain.
Message n° 3
Allô ? Pour la chemise de l'école, il faut 20 euros. Ta mère n'a pas l'argent avec elle, alors viens à mon bureau. À tout à l'heure.

Activité 29, p. 22 PISTE 30
Allô. Après l'école, est-ce que tu peux faire des courses s'il te plaît ? Il faut aller à la pharmacie chercher les médicaments. Et va à l'épicerie pour acheter des carottes et une bouteille d'eau. Oh, et tu peux aussi acheter une baguette à la boulangerie ? Et n'oublie pas tes lunettes à l'école aujourd'hui ! Merci. À ce soir.

Activité 30, p. 22 PISTE 31
Silence s'il vous plaît. Ouvrez votre cahier bleu. Prenez votre stylo et écrivez un texte avec vos goûts. Dites ce que vous aimez. Parlez de vos activités préférées et de vos plats préférés. Par exemple, vous pouvez donner les ingrédients de vos plats préférés. Vous avez 20 minutes pour écrire un petit texte. Au travail.

Activité 31, p. 23 PISTE 32
Description 1
Noéline a 16 ans. Elle est grande. Elle porte un pantalon rouge et un tee-shirt blanc. Elle a des baskets noires. Elle a un bracelet noir au bras droit. Ses cheveux sont bruns. Ils sont courts.
Description 2
Bérénice a 17 ans. Elle est maigre. Elle porte une robe jaune. Ses chaussures sont roses. Elle a un bracelet au bras gauche et un collier. Ils sont roses. Bérénice a des cheveux noirs. Ils sont longs.
Description 3
Camilla a 16 ans. Elle est très grande. Elle est blonde. Ses cheveux sont très longs. Elle porte un pantalon marron et un pull noir. Elle a des baskets blanches et noires.

Activité 32, p. 23 PISTE 33
Bienvenue dans notre école. Je vous présente quelques personnes de l'équipe. À droite, c'est Mme Dutronc, la professeure de géographie. M. Lesage est le directeur adjoint de l'école. Il est assis et porte des lunettes. M. Dupond, à côté de Mme Dutronc, est le professeur d'espagnol. À gauche, il y a Louise et Anna. Louise est la responsable des élèves de dernière année. Elle a les cheveux blonds et elle a un stylo dans la main. Et à côté, c'est Anna, notre infirmière. Elle a aussi les cheveux blonds mais elle est plus petite que Louise.

Activité 33, p. 24 PISTE 34
Dialogue n° 1
– Tu viens à l'anniversaire de Théo ?
– Bien sûr ! 18 ans, c'est un anniversaire important.
Dialogue n° 2
– Tu as quel âge, Emma ?
– Ah, tu me donnes quel âge ?
– Je pense que tu as 13 ans ou 14 ans.
– Hahaha, j'ai 16 ans !
Dialogue n° 3
– Elle a quel âge ta mère, Georges ?
– Elle a 37 ans. Ah non ! Elle a 38 ans.
– La mienne a 39 ans.

Activité 34, p. 24 PISTE 35
Dialogue n° 1
– Cathy, tu as ton parapluie ? Parce qu'il pleut !
– Oui, j'ai un parapluie. Et j'ai mon manteau aussi.
– Ouf ! Moi aussi !
Dialogue n° 2
– Qu'est-ce que tu as dans ton sac, Léa ?
– Ce sont mes gants. Il fait froid dehors.
– Tu as raison. Moi j'ai un parapluie aussi.
Dialogue n° 3
– Pour le cours de dessin, il faut un objet. Tu as quoi toi, Nicolas ?
– Moi, j'ai un chapeau. C'est à mon père.
– Bonne idée. Moi, j'ai la ceinture de ma mère. Elle est trop belle.

Activité 35, p. 24 PISTE 36
Dialogue n° 1
– Salut ! Est-ce que tu vas au cinéma voir le nouveau film *Harry Potter* ?
– Je ne sais pas. Toi, tu y vas ?
– Oui. Tu peux venir avec moi.
Dialogue n° 2
– Bonjour Éric. Vous allez bien ?
– Bonjour monsieur. Je vais très bien, merci. Et vous ?
– Vous mangez avec moi ce midi ?
– Avec plaisir monsieur. À tout à l'heure et je vous souhaite une bonne journée.
Dialogue n° 3
– Salut Malorie et Kévin. Vous faites quoi ?
– Nous jouons au football. Tu veux jouer avec nous ?
– D'accord. Kévin, tu veux aussi ?
– Bien sûr !
Dialogue n° 4
– Vous pouvez répéter s'il vous plaît ?
– Oui. Faites les exercices 1 et 2 pour demain.
– Merci monsieur.

Activité 36, p. 25 (PISTE 37)

– Nous sommes avec madame Jeanne Fournier. Mme Fournier, parlez-nous de votre famille.
– Avec plaisir. Mon mari s'appelle Henri. Nous avons deux enfants, Pascal et Martine. Pascal a trois enfants. Ils s'appellent Rose, Sacha et Léon. Martine a une fille. Elle s'appelle Lola. Nous avons donc 4 petits-enfants. Ah, la femme de Pascal s'appelle Dominique et le mari de Martine, c'est Guy.

Activité 37, p. 25 (PISTE 38)

Message n° 1
Bonjour. Je suis madame Bernard, la secrétaire de la directrice. Vous êtes la mère de Julie, n'est-ce pas ? Bienvenue.

Message n° 2
Alors, voici vos professeurs. Monsieur Moreau est le professeur d'anglais. Monsieur Simon est le professeur de français. Et monsieur Gautier est le professeur d'allemand.

Message n° 3
– Salut Tiago. Tu veux venir avec moi étudier à la bibliothèque pendant 30 minutes ?
– D'accord Antoine. J'ai des devoirs à faire. Pourquoi seulement 30 minutes ?
– Mon frère vient me chercher pour aller à la piscine. Tu veux venir avec moi ?
– Désolé, je ne peux pas.

Activité 38, p. 26 (PISTE 39)

Dialogue n° 1
– Bonsoir Jean-Paul. Vous allez bien ?
– Bonsoir. Oui, merci. Il n'y a plus de lumière dans la rue.
– C'est vrai. Nos maisons sont dans le noir. Je vais appeler la mairie.

Dialogue n° 2
– Est-ce que tu te brosses les dents ?
– Non. Je joue dans ma chambre.
– Va te brosser les dents tout de suite.

Dialogue n° 3
– Madame, je peux vous poser des questions sur le cours ?
– Bien sûr. Qu'est-ce que tu ne comprends pas ?
– La leçon d'aujourd'hui. C'est très difficile.

Activité 39, p. 26 (PISTE 40)

Dialogue n° 1
– Qu'est-ce que tu manges aujourd'hui Alex ?
– Je ne sais pas Margaux. C'est tous les jours les mêmes plats ici.
– Tu as raison. Moi, je préfère la cuisine de ma mère.
– Moi aussi.

Dialogue n° 2
– Candice, tu vas où ?
– En cours d'espagnol. Tu n'y vas pas, Enzo ?
– Mais c'est l'heure du cours de sport, pas d'espagnol !
– Ah oui, tu as raison.

Dialogue n° 3
– Salut Tang ! Qu'est-ce que tu fais ?
– Salut Augustin. Je lis un livre sur un voyage en Afrique. Et toi ?
– Génial. Moi, je lis un livre sur l'Italie. Après, tu viens manger avec moi ?
– D'accord.

Activité 40, p. 26 (PISTE 41)

Dialogue n° 1
– Allô ? Clara ? C'est Elsa. Qu'est-ce que tu fais ?
– Salut Elsa ! Je lis un livre pour le cours d'espagnol. Et toi ?
– Moi, je vais au cinéma avec des amis. Est-ce que tu veux venir ?
– Non merci, je suis dans mon lit. Et demain il y a école ! La prochaine fois !

Dialogue n° 2
– Enzo, où est-ce que tu vas ?
– Il est 10 h, je vais au cours de dessin.
– Ah oui, tu es en retard ! C'est pour ça que tu cours !
– Oui ! Et toi ? Tu vas à la bibliothèque, j'imagine, avec tous ces livres !

Dialogue n° 3
– Oscar, c'est quoi ta note à l'examen de sciences ?
– 9 sur 20 ! Je ne comprends pas. Je dois parler au professeur. Est-ce que tu sais où il est ?
– Le professeur ? Il est devant sa salle.
– Merci. J'y vais tout de suite.

Activité 41, p. 27 (PISTE 42)

– Allô, maman ? Je cherche mon livre de sciences. Je suis dans le salon.
– Ton livre est sur la table.
– Mais non ! Je suis à côté de la table et il n'y a pas de livre.
– Alors il est peut-être sur la table du salon, devant les fleurs.
– Oui, je le vois.
– Ma chérie, est-ce que tu vois mon stylo bleu préféré ?
– Oui, il est sur le canapé entre le chat et papa.
– Merci.
– Maman, pourquoi il y a ton sac à main devant la bibliothèque, par terre ?
– Oups ! J'arrive tout de suite à la maison.

Activité 42, p. 27 (PISTE 43)

Situation n° 1
– Les enfants, il pleut dehors. Vous n'oubliez pas votre manteau et un parapluie.
– Oui maman !

Situation n° 2
– Prends vite ton petit déjeuner.
– Oui maman.
– Il est 8 h et tu dois être au collège dans 15 minutes.

Situation n° 3
– Maman, tu peux m'aider pour les devoirs.
– D'accord, si c'est de l'anglais. Pour les mathématiques, demande à ton père !
– C'est un devoir d'anglais.

Situation n° 4
– Madame, vous pouvez m'expliquer la leçon d'aujourd'hui ?
– D'accord. Attends, je regarde l'heure. J'ai rendez-vous avec le directeur.

Activité 43, p. 28 PISTE 44
Pour les vacances, il faut faire ta valise. Dans ta chambre, prends un livre et une casquette. Va dans la salle de bains et prends ta serviette et un savon. Dans la cuisine, tu peux prendre des biscuits et ta tasse de voyage.

Activité 44, p. 28 PISTE 45
Cet après-midi, nous allons au supermarché. Tu viens avec nous ? Il faut acheter du poisson et du lait. Ah, il faut aussi 6 pommes et 3 bananes. Paul veut du fromage et Jean veut des carottes.

Activité 45, p. 29 PISTE 46
Message n° 1
Le matin, je vais à l'école avec ce moyen de transport. Mon père conduit et mon frère vient avec nous. Lui, il est derrière et moi, je suis devant.
Message n° 2
C'est mon objet préféré dans la maison. Dans le salon, il est devant le canapé. C'est pour regarder des films. Mes parents ont aussi cet objet dans leur chambre.
Message n° 3
J'adore faire du camping. Pour dormir dans la forêt, nous utilisons cet objet. C'est pratique. On peut le transporter facilement.

Activité 46, p. 29 PISTE 47
Message n° 1
Bonjour ! Les personnes qui veulent des timbres doivent aller à gauche. Pour les personnes qui ont des colis, des lettres ou des cartes postales, merci d'aller à droite.
Message n° 2
Bonjour mesdames, bonjour messieurs, et bienvenue ! Pour le menu du jour, nous avons du poisson frais et ses petits légumes. Voulez-vous la carte en anglais ou en français ?
Message n° 3
Bonjour ! Pour les passeports, c'est au 1er étage. Attention, pour les pièces d'identité, c'est au 2e étage, bureau 10. Les services sont ouverts jusqu'à 16 h.

Activité 47, p. 30 PISTE 48
Message n° 1
Félicitations à tous les élèves ! J'ai vos diplômes. Vous allez aussi recevoir des cadeaux. Il y a un livre de géographie et une photo de l'école pour chaque élève. Ensuite, je vous invite à prendre une boisson et du gâteau. C'est un jour de fête. Bravo à tout le monde !
Message n° 2
Silence s'il vous plaît ! Prenez vos affaires ! Vous devez avoir sur votre table vos stylos, votre cahier et des crayons. Votre téléphone portable est interdit dans la salle de classe. Vous le mettez dans votre sac. C'est bon ? Vous avez des questions ? On commence la leçon.

Activité 48, p. 30 PISTE 49
Message n° 1
Demain, pour le cours de dessin, vous devez apporter des feuilles blanches.
Message n° 2
Pour la sortie dans la forêt demain matin, vous devez prendre une petite bouteille d'eau et un fruit.
Message n° 3
Cet après-midi, nous allons travailler dans le laboratoire informatique. Chaque élève va travailler la compréhension du français sur un ordinateur.

Activité 49, p. 31 PISTE 50
– Inès, qu'est-ce que tu fais ?
– Je mets les assiettes et les verres sur la table. Tu veux m'aider Gregor ?
– Oui, d'accord. Je vais chercher les fourchettes et les couteaux.
– Merci. Est-ce que tu sais où sont mes lunettes ?
– Sur ton lit !

Activité 50, p. 31 PISTE 51
Regardez, la maison de vacances est grande ! Il y a des parapluies, des jouets pour les enfants, une grande télévision et des vélos. Il y a aussi du pain, des yaourts et des fruits dans la cuisine. C'est super. Et il y a des clés pour tout le monde.

Activité 51, p. 32 PISTE 52
– Diego, où est le shampoing ? Parce que je vois seulement le savon dans la douche et la crème sur le meuble.
– Il est dans le placard de la salle de bains.
– Ah oui, merci. Est-ce que tu peux mettre de la musique à la radio ?
– Oui Fatou, je vais éteindre la télévision. Mais attends, je prépare d'abord du thé.
– Bien sûr ! Je lave mon pull rose et après je me lave. Pour ce soir, je vais mettre ma nouvelle robe bleue.
– D'accord.

Activité 52, p. 32 PISTE 53
Ma pièce préférée dans la maison, c'est ma chambre. Il y a mes livres dans une bibliothèque. Mon sac d'école est à côté de mon bureau. À côté de mon lit, il y a trois montres. J'adore les montres. J'ai aussi des petits trains pour jouer. J'ai un grand placard pour mettre mes chaussures de football et mes tee-shirts. Sur mon lit, il y a mes bandes dessinées. Je lis tous les soirs.

S'ENTRAÎNER

Exercice 1, p. 34 PISTE 54
Allô ? C'est Natacha. Vendredi, c'est mon anniversaire. J'ai 17 ans. Avec ma famille, nous allons au restaurant. Est-ce que tu veux venir avec nous ? Il faut être chez moi à 19 heures pour partir en voiture. Appelle-moi s'il te plaît. Bisous.

Exercice 2, p. 35 (PISTE 55)

Salut ! C'est Max. Tu es toujours d'accord pour aller au tennis avec Léo et Axel samedi matin ? On prend des biscuits et des fruits. Toi, est-ce que tu peux apporter du jus de fruits ? Le rendez-vous est à 10 heures au stade. À samedi.

Exercice 3, p. 36 (PISTE 56)

Mesdames et messieurs, votre magasin *Aux belles fleurs* vous offre une réduction de 30 % sur toutes les roses. Le magasin propose des roses blanches et bien sûr rouges. Attention, la réduction est valable cette semaine de 14 h à 20 h. Le magasin est à côté de votre supermarché.

Exercice 4, p. 37 (PISTE 57)

Votre attention s'il vous plaît. En raison du froid, plusieurs trains partiront avec un retard de 15 à 45 minutes. Pour plus d'informations, rendez-vous au bureau Informations de votre gare ou appelez le numéro de téléphone 08.95.13.47.60. Du thé chaud est offert à l'entrée principale.

Exercice 5, p. 38 (PISTE 58)

Demain, il fait beau. Alors, tu peux mettre un short et un tee-shirt pour aller au parc. Moi, je prends le ballon de football. Toi, est-ce que tu peux prendre le sac avec le gâteau de ma mère ? On part à 11 h 30. Je suis content !

Exercice 6, p. 39 (PISTE 59)

Le matin, nous prenons le petit déjeuner à 7 h. Pour aller à ton école de langues, tu dois prendre le bus avec notre fils. Le ticket coûte 1,20 €. Le soir, toute la famille dîne dans la salle à manger à 19 h 30. Après, on fait des jeux et on se couche à 22 h.

Exercice 7, p. 40 (PISTE 60)

Situation n° 1
– Mathieu, où est-ce que tu vas ?
– Je vais à la bibliothèque pour apprendre la leçon d'histoire.
– Est-ce que je peux venir ?
– Bien sûr !

Situation n° 2
– Monsieur, je ne comprends pas.
– D'accord. Si tu veux, j'explique la leçon encore une fois.
– Merci monsieur.

Situation n° 3
– Annabelle, tu es en retard.
– Pardon, monsieur le directeur.
– Je vais appeler tes parents, Annabelle.
– Oui, monsieur.

Situation n° 4
– Bertille, est-ce que tu fais l'exercice 2 ?
– Non, je fais l'exercice 1. Pourquoi ?
– L'exercice 2 est très difficile.

Exercice 8, p. 41 (PISTE 61)

Situation n° 1
– Dépêche-toi ! Ton professeur de sciences nous attend.
– Oui papa, j'arrive.
– Nous sommes en retard pour le rendez-vous.

Situation n° 2
– Sortez vos feuilles, vos crayons et un stylo.
– Combien de stylos, madame ?
– Un stylo.

Situation n° 3
– Pour les devoirs de sciences, vous faites les exercices 1, 2 et 3 de la page 10.
– Madame, est-ce que vous pouvez répéter s'il vous plaît ?
– Exercices 1, 2 et 3 de la page 10 du livre de sciences.

Situation n° 4
– Salut ! Est-ce que tu sais où est la classe d'anglais ?
– Salut. Le cours d'anglais, c'est dans le bâtiment A. Ici, c'est le bâtiment B.
– Et tu connais le numéro de la salle ?
– Oui, c'est la salle 202.

Exercice 9, p. 42 (PISTE 62)

Allô ? Dis-moi, je cherche mes lunettes. Est-ce qu'elles sont à la maison ? Elles sont peut-être à côté de la télévision. Est-ce que tu peux regarder ? Et bon, je rentre à 18 h. Je vais acheter une baguette. Tu veux du poisson pour ce soir ? Appelle-moi s'il te plaît. À ce soir.

Exercice 10, p. 43 (PISTE 63)

Aujourd'hui, tu as ton examen d'histoire. Prends ton livre. Il est sur la table de la cuisine. Comme tu as 30 minutes de transport, tu peux lire un peu dans le bus. C'est ton dernier examen. Samedi, l'école te donne ton diplôme. Je suis contente. Ah, il faut acheter une ceinture pour ton nouveau pantalon.

Production orale

SE PRÉPARER

Activité 1, p. 110 (PISTE 64)

1. Je m'appelle Roberto. Je suis brésilien. J'ai 19 ans.
2. Je m'appelle Marta Adamski. J'habite à Varsovie, en Pologne. Je suis étudiante.
3. Je suis Elias et j'ai 18 ans. Je suis libanais. J'étudie la biologie. Je suis célibataire.

Activité 2, p. 110 (PISTE 65)

Famille 1
J'habite avec mes parents. Mon père a 40 ans. Il est grand. Ma mère a 38 ans. Elle est blonde. J'ai un frère et une sœur. Mon frère s'appelle Jack et il a 20 ans. Ma sœur s'appelle Marie. Elle a 14 ans.

Famille 2
Mes parents ont 45 ans. Ils s'appellent Rose et Robert. Mon père est médecin et ma mère est danseuse. Nous sommes trois enfants. Je suis le plus jeune. Mon frère a 24 ans et ma sœur a 21 ans.

Famille 3
Mes parents sont grands. Moi, je suis petit ! Mon frère a 22 ans. Il étudie le droit à l'université. Moi, j'ai 16 ans.

Et ma sœur a 13 ans. Elle est plus grande que moi ! Elle mesure 1,72 m ! Mon frère et ma sœur sont blonds.

Activité 3, p. 111 PISTE 66

J'ai beaucoup d'activités. Je vais à l'école du lundi au vendredi, toute la journée. Le lundi soir, je fais mes devoirs. Mardi et jeudi, le soir, je vais au cours de musique. Le vendredi soir, je vais à la bibliothèque. Le samedi matin, je fais du basket-ball. L'après-midi, je vais au parc avec ma famille. Le dimanche matin, je vais voir mes grands-parents. L'après-midi, je joue dans ma chambre et le soir, je vais au cinéma avec mes parents.

Activité 4, p. 112 PISTE 67

– Moi, j'aime bien le nouveau restaurant français.
– Moi, je n'aime pas. Il est loin.
– Il y a beaucoup de tables et de la musique française. C'est génial !
– J'aime bien la gastronomie française.
– Moi aussi.
– Le pain français, c'est très bon.
– C'est vrai.
– Je déteste le fromage. Et toi ?
– Moi, j'aime le fromage. Avec le pain, c'est super !

Activité 5, p. 112 PISTE 68

Phrase n° 1 : Alors, vous vous appelez Carolina.
Phrase n° 2 : Vous allez bien ?
Phrase n° 3 : Vous allez à l'école quels jours ?
Phrase n° 4 : Et vous faites quel sport ?
Phrase n° 5 : Donc vous faites beaucoup de sport.

Activité 7, p. 113 PISTE 69

Exemple : Je m'appelle Antonio.
1. Je suis italien.
2. J'ai 15 ans.
3. J'ai un frère et une sœur. Ils s'appellent Guido et Lorena.
4. J'habite à Naples, en Italie.
5. Je fais des exercices de français tous les jours.

Activité 8, p. 114 PISTE 70

Examinatrice : Bonjour.
Felipe : Bonjour.
Examinatrice : Bienvenue à l'épreuve de production orale du DELF A1. La première partie de l'épreuve est l'entretien dirigé. Je vous pose des questions pour vous connaître. Ça va ? Est-ce que nous pouvons commencer ?
Felipe : Oui, ça va.
Examinatrice : Comment est-ce que vous vous appelez ?
Felipe : Je m'appelle Felipe Gonsalez.
Examinatrice : Comment ça s'écrit votre nom ?
Felipe : Je ne comprends pas. Est-ce que vous pouvez répéter ?
Examinatrice : Bien sûr. Est-ce que vous pouvez épeler votre nom ?
Felipe : Oh, oui. G-O-N-S-A-L-E-Z.
Examinatrice : Merci. Quel âge avez-vous ?
Felipe : J'ai 16 ans.
Examinatrice : Combien de frères et sœurs avez-vous ?
Felipe : J'ai deux sœurs et trois frères.
Examinatrice : C'est une grande famille ! Vous êtes le plus jeune ?
Felipe : Non, mon frère Pedro a 13 ans.
Examinatrice : D'accord. Est-ce que vous aimez la musique ? Quel est votre instrument préféré ?
Felipe : Oui, j'aime la musique. Je fais de la guitare avec mon père.
Examinatrice : Oh, super ! Et combien de fois par semaine est-ce que vous faites de la guitare ?
Felipe : Deux fois par semaine.
Examinatrice : Quand ?
Felipe : Le mercredi et le samedi.
Examinatrice : Merci Felipe. La première partie de l'épreuve est terminée. Nous passons maintenant à la deuxième partie.

Activité 15, p. 117 PISTE 71

Examinatrice : La deuxième partie est un échange d'informations. Vous me posez des questions pour me connaître. Vous avez six mots. Vous me posez cinq questions. Est-ce que ça va ? Nous pouvons commencer ?
Felipe : Oui, ça va, merci.
Examinatrice : Alors, nous commençons. Je vous écoute.
Felipe : Est-ce que vous allez souvent sur Internet ?
Examinatrice : Oui, j'utilise Internet tous les jours.
Felipe : Moi aussi. Je fais mes devoirs avec Internet. Quel est votre dessert préféré ?
Examinatrice : J'adore la tarte aux pommes.
Felipe : C'est vrai, c'est bon. Comment est-ce que vous venez à l'école ?
Examinatrice : Je viens à l'école en voiture.
Felipe : D'accord. Moi, je viens en voiture avec ma mère. Est-ce que vous avez des enfants ?
Examinatrice : Oui, j'ai deux enfants, un garçon et une fille.
Felipe : Comment ils s'appellent ?
Examinatrice : Ils s'appellent Emilio et Cristina.
Felipe : Merci. Où est-ce que vous regardez la télévision ?
Examinatrice : Je regarde la télévision dans le salon.
Felipe : Oh, moi, j'ai une télévision dans ma chambre.
Examinatrice : Merci. La deuxième partie est terminée. Nous passons maintenant à la troisième partie.

Activité 17, p. 118 PISTE 72

Dialogue n° 1
– Salut Aurélie.
– Salut Thomas. Ça va ?
– Oui, ça va, merci. Je cherche le truc pour faire mon exercice de mathématiques.
– Oh ! Le cours est dans 1 heure !
– Oui, je sais. Je suis en retard.
– Bon, je te laisse faire ton exercice. À tout à l'heure.
– À tout à l'heure.

Dialogue n° 2
– Bonjour.
– Bonjour madame. Je voudrais un timbre s'il vous plaît.
– Bien sûr. Et voilà !
– Merci. Au revoir madame.
– Au revoir.

Dialogue n° 3
– Bonjour. Asseyez-vous. Je vais vous donner vos notes.
– Monsieur, j'ai rendez-vous avec le directeur.
– Très bien. Alors, tu peux sortir Aurélien. Au revoir.
– Merci. Au revoir monsieur.

Activité 21, p. 121 PISTE 73

La vendeuse : Est-ce que vous voulez autre chose ?
Guillaume : Non merci. Quel est le prix total s'il vous plaît ?
La vendeuse : 83 €.
Guillaume : Est-ce que je peux payer en espèces ?
La vendeuse : Bien sûr.
Guillaume : Alors voilà, 83 €.
La vendeuse : C'est parfait, merci.
Guillaume : Est-ce que je peux avoir un sac s'il vous plaît ?
La vendeuse : Bien sûr. Voilà vos objets et un sac.
Guillaume : Merci, au revoir madame.
La vendeuse : Au revoir jeune homme.

Activité 22, p. 121 PISTE 74

1. Au supermarché :
Alors, le total est de 72 euros et 70 centimes s'il vous plaît.
2. Au restaurant :
Donc, il y a deux menus à 14 euros et un menu enfant à 8 euros 50. Ça fait 36 euros 50, s'il vous plaît.
3. À la boulangerie :
Merci de payer en espèces. Il y a du pain et des pâtisseries. Voilà le sac, s'il vous plaît. Et vous devez payer 8 euros 20. Merci.

Activité 23, p. 122 PISTE 75

Examinatrice : La troisième partie est un dialogue simulé. Il y a une situation et nous jouons un rôle. Vous voulez obtenir un service ou un produit. Vous devez me poser des questions. Vous avez le sujet n°4 : à la cafétéria de votre centre de langues. Vous êtes dans un centre de langues à Paris. Vous mangez à la cafétéria. Vous posez des questions sur les plats, vous choisissez et vous payez. Je joue le rôle de l'employé de la cafétéria. Est-ce que ça va ? Nous pouvons commencer ?
Felipe : Oui, ça va, merci.
Examinatrice : Alors, nous commençons.
Felipe : Bonjour madame.
Examinatrice : Bonjour.
Felipe : Quel est le menu du jour ?
Examinatrice : Aujourd'hui, nous avons des frites, du poulet, des légumes et du poisson.
Felipe : Qu'est-ce que c'est, les légumes ?
Examinatrice : Il y a des carottes, des brocolis et des haricots.
Felipe : Est-ce que je peux prendre des légumes avec du poulet ?
Examinatrice : Bien sûr. Quels légumes ?
Felipe : Des carottes s'il vous plaît.
Examinatrice : D'accord.
Felipe : Et qu'est-ce qu'il y a pour le dessert ?
Examinatrice : Nous avons un gâteau au citron ou un yaourt au chocolat.
Felipe : Combien est-ce que le gâteau et le yaourt coûtent ?
Examinatrice : Le gâteau coûte 1 euro 60 et le yaourt coûte 1 euro.
Felipe : Je voudrais le gâteau au citron s'il vous plaît.
Examinatrice : Est-ce que vous voulez autre chose ?
Felipe : Oui, je voudrais une boisson. Est-ce que vous avez un soda à l'orange ?
Examinatrice : Oui. Quelle taille est-ce que vous voulez ?
Felipe : 33 centilitres s'il vous plaît. Quel est le prix total de mon menu ?
Examinatrice : Alors, c'est 6 euros 20. Pour 6 euros 50, vous avez un menu complet avec une entrée. Est-ce que vous voulez une entrée ?
Felipe : Non merci. Voilà 6 euros 20.
Examinatrice : Merci. Voilà votre plat, votre dessert et votre boisson.
Felipe : Merci, au revoir madame.
Examinatrice : Au revoir. Merci Felipe. L'épreuve est terminée. Je prends avec moi le matériel. N'oubliez pas votre pièce d'identité et votre convocation. Bonne journée.

ÉPREUVE BLANCHE

Compréhension de l'oral PISTE 76

DELF niveau A1 du *Cadre européen commun de référence pour les langues*, version junior et scolaire, épreuve orale collective.
Vous allez écouter plusieurs documents. Il y a 2 écoutes. Avant chaque écoute, vous entendez le son d'une cloche (🔔).
Dans les exercices 1, 2, 3 et 5, pour répondre aux questions, cochez (☑) la bonne réponse.

Exercice 1, p. 134

Vous écoutez ce message de votre ami Pierre.
Répondez aux questions.
Allô ? C'est Pierre, ton voisin de l'appartement D. J'organise une fête pour la bienvenue des nouveaux de l'immeuble. C'est vendredi soir après les cours. C'est dans l'appartement de Philippe au 3ᵉ étage. Si tu veux venir, merci de mettre un message sur ma porte. Salut !

Exercice 2, p. 134 PISTE 77

Vous entendez cette annonce à l'aéroport, en France.
Répondez aux questions.
Mesdames, messieurs. Bienvenue à l'aéroport de Paris. Pour les valises de votre vol n° 1649, présentez-vous dans le hall n° 6 et montrez votre billet. Rendez-vous au bureau « Informations » dans le hall principal pour vos questions sur Paris. Des taxis et des autobus sont à la sortie de l'aéroport.

Exercice 3, p. 135 PISTE 78

Vous habitez chez une famille française. La mère de la famille vous parle.
Répondez aux questions.
Tu es malade. Va dans ta chambre et reste dans ton lit. Je vais travailler. Si tu as mal à la tête, tu peux prendre

des médicaments. Ils sont dans la salle de bains. Prends trois médicaments. Mange le riz et le poulet. C'est dans la cuisine. Appelle-moi dans une heure.

Exercice 4, p. 135 PISTE 79

Vous allez entendre quatre petits dialogues correspondant à quatre situations différentes. Il y a 15 secondes de pause après chaque dialogue. Notez, sous chaque image, le numéro du dialogue qui correspond. Puis vous allez entendre à nouveau les dialogues. Vous pouvez compléter vos réponses. Regardez les images. Attention, il y a six images (A, B, C, D, E et F) mais seulement quatre dialogues.

Situation n° 1
– Salut ! C'est à quelle heure le cours d'informatique ?
– C'est à 11 heures.
– Et c'est où ?
– La salle d'informatique est là, devant toi !

Situation n° 2
– Regardez le tableau. Qui peut répondre ? Alice ?
– Je ne sais pas, monsieur.
– Alice, c'est un exercice facile !

Situation n° 3
– Qu'est-ce que tu prends ?
– Du poulet et des frites. J'adore ça.
– Il n'y a jamais de riz à la cantine !
– Tu as raison.

Situation n° 4
– À quelle heure est-ce que tu vas à la cantine ?
– Ben j'y vais maintenant, et toi ?
– Moi je vais d'abord à la bibliothèque.

Exercice 5, p. 136 PISTE 80

Vous allez entendre un message. Quels objets sont donnés dans le message ? Vous entendez le nom de l'objet ? Cochez OUI. Sinon, cochez NON. Puis vous allez entendre à nouveau le message. Vous pouvez compléter vos réponses.

Salut ! Je t'attends à l'école demain à 8 h. Pour ton premier jour, prends tes affaires pour les cours de mathématiques et de dessin. Il faut un grand cahier pour les mathématiques. Pour le cours de dessin, le professeur aime les crayons de toutes les couleurs. Il demande aussi de prendre un objet pour demain. Tu peux prendre un fruit ou des lunettes de soleil. À demain !

CORRIGÉS

Compréhension de l'oral

SE PRÉPARER

Activité 1, p. 12

	Début (mots d'accueil)		
Message n° 1	☒ Allô	☐ Bonjour	☐ Salut
Message n° 2	☐ Allô	☐ Bonjour	☒ Salut
Message n° 3	☐ Allô	☒ Bonjour	☐ Salut
	Fin (mots de prise de congé)		
Message n° 1	☐ À mercredi.	☐ À bientôt.	☒ Au revoir.
Message n° 2	☐ À mercredi.	☒ À bientôt.	☐ Au revoir.
Message n° 3	☒ À mercredi.	☐ À bientôt.	☐ Au revoir.

Activité 2, p. 12

Message n° 1
a. C'est un message de ma mère.
« Maman » est un mot familier qui signifie « mère ».
Message n° 2
c. C'est un message de mon ami.
C'est un ami : il parle des « copains » (= « amis ») et de l'école.
Message n° 3
b. C'est un message de mon frère.
Il utilise le mot « papa » (familier pour « père »). C'est donc une personne très proche.

Activité 3, p. 12

Message n° 1
Salut, c'est Nicolas. Dimanche, je vais au parc avec mes parents. Est-ce que tu veux venir avec nous ? Appelle-moi.
Message n° 2
Allô ? C'est Sacha. Samedi, c'est mon anniversaire. Est-ce que tu viens ? À samedi.
Message n° 3 :
Salut ! C'est Lucie. Vendredi, on va au musée. Appelle-moi pour me donner l'heure.
Un message prend souvent la forme suivante : mot d'accueil (« Salut », « Allô »…) + présentation (« C'est Nicolas ») + message (« Nous allons à la piscine ») + prise de congé (« À bientôt »).

Activité 4, p. 13

	Message n° 1	Message n° 2	Aucun des deux messages
a.	☒ « C'est ta mère »	☐	☐
b.	☒ « sur mon téléphone portable »	☐	☐
c.	☒ « Je téléphone à la maison mais tu n'y es pas. »	☐	☐
d.	☐	☐	☒ « acheter une baguette pour ce soir »
e.	☐	☒ « Bonne soirée. »	☐

Activité 5, p. 14

Pour comprendre la situation (le contexte), repérez les mots. Dans les messages, il y a plusieurs références au contexte.
A. Message n° 3 : *boissons – fête – cours*.
B. Message n° 6 : *film – chez moi – crêpes*.
C. Message n° 2 : *bibliothèque – livres*.
D. Message n° 5 : *pharmacie – pharmacien*.
E. Message n° 1 : *anniversaire – jardin*.
F. Message n° 4 : *acheter – pain*.

Activité 6, p. 14

Message n° 1 : **b.** Des assiettes.
Message n° 2 : **c.** Un cadeau.
Message n° 3 : **a.** Prendre les devoirs de Sami.
Message n° 4 : **a.** Au bureau 110.

Activité 7, p. 15

Message n° 1 : a, d, f, g, i.
Message n° 2 : b, c, e, h, j.

Activité 8, p. 15

a. 16
b. 108
c. 479
d. 580
e. 1 098
f. 6 771
Entraînez-vous à prononcer et à écouter des nombres !

Activité 9, p. 15

17 (dix-sept)
36 (trente-six)
60 (soixante)
81 (quatre-vingt-un)
93 (quatre-vingt-treize)
170 (cent soixante-dix)

Activité 10, p. 16

Phrase n° 1 : 4 (quatre)
Phrase n° 2 : 13 (treize)
Phrase n° 3 : 20 (vingt)
Phrase n° 4 : 2 (deux)
Phrase n° 5 : 19 sur 20 (dix-neuf sur vingt)

Activité 11, p. 16
Message n° 1 : 1 l
Message n° 2 : 3 kg
Message n° 3 : 28 °C
Message n° 4 : 30 %
Message n° 5 : 1 m 71
Souvenez-vous :
m = mètre, cm = centimètre, km = kilomètre,
kg = kilogramme/kilo, g = gramme, l = litre,
°C = degrés, % = pourcentage.

Activité 12, p. 16
Message n° 1 : ✆ 06.55.87.23.12
Message n° 2 : ✆ 01.75.80.18.99
Message n° 3 : ✆ 07.66.00.47.11
Message n° 4 : ✆ 03.21.85.07.70
En France, les numéros de téléphone ont 10 chiffres. Le « 0 » est prononcé « zéro » (exemple : 07 = zéro sept).

Activité 13, p. 17
Message n° 1 : c. Le concert de Katy Perry.
Message n° 2 : b. D'un parc avec des fleurs.
Message n° 3 : c. Un nouveau centre commercial.

Activité 14, p. 17
1. b. La visite des écoles.
Le thème est le sujet général.
2. b. Jeudi.
« Quand » est une question sur un moment, une date.
3. b. Les professeurs.
« Qui » est une question sur une/des personne/s.
4. b. Les universités.
Pour vous aider, lisez bien tous les mots de la question pour les retrouver dans le document audio (exemple : ici, « semaine prochaine » est dans la question et dans le document audio).

Activité 15, p. 17

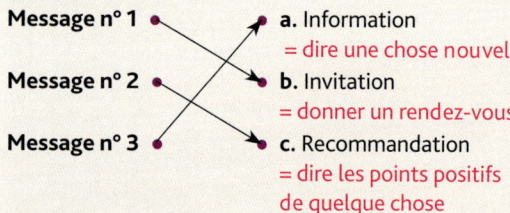

Activité 16, p. 18
a. 30 % de réduction.
b. Pas de réduction.
c. 50 % de réduction.

Activité 17, p. 18
Mesdames, messieurs. Le train à destination de **(1.)** *Lyon* partira à **(2.)** *10 h 06* en voie *D*. Le train à destination de **(3.)** *Lille* partira à **(4.)** *11 h 13* en voie **(5.)** *E*.

Activité 18, p. 18
1. b. 15 minutes.
2. a. 14 h.
3. b. 8.

Activité 19, p. 19
A. Message n° 2
B. Message n° 4
C. Message n° 3
D. Message n° 1
Révisez le vocabulaire de la météo : *soleil, nuage, vent, pluie, neige, orage, nord, sud, est, ouest, faire beau, faire mauvais.*

Activité 20, p. 19

Courchevel		
Belcastel		
Biarritz		

Activité 21, p. 19

	Météo	Températures
Lundi	☀	de 15° à 23°
Mardi	🌧 🌫	de 7° à 16°
Mercredi	🌧	de 10° à 13°
Jeudi	☀	20°
Vendredi	💨 ❄	de 4° à 9°
Samedi	☁ 💨	de 5° à 11°
Dimanche	☁ 💨	de 8° à 17°

Activité 22, p. 20
A. Message n° 2
(13 h 30 : treize heures trente. Les Français peuvent dire « une heure trente » ou « une heure et demie » pour l'après-midi.)
B. Message n° 5
C. Message n° 3
D. Message n° 1
E. Message n° 4
(midi = moitié de la journée / minuit = moitié de la nuit)

Activité 23, p. 20

Message n° 1 :    Message n° 2 :

Message n° 3 :

Activité 24, p. 20
Message n° 1 : B
Message n° 2 : B
Message n° 3 : C
Message n° 4 : C

Activité 25, p. 21
Dialogue n° 1 : a. Lire un livre.
Dialogue n° 2 : a. Aller au parc.
Dialogue n° 3 : c. Acheter des fleurs.
Dialogue n° 4 : c. Essayer un pull.
Dialogue n° 5 : a. Monter dans un train.

Activité 26, p. 21
Étape 1 : c. Il faut connaître le prix des billets d'avion.
Étape 2 : a. Il faut préparer la visite des monuments.
Étape 3 : a. Il faut chercher un hôtel.

Activité 27, p. 22
1. **Message n° 1 : a.** Une pièce d'identité.
2. **Message n° 2 : a.** Un devoir d'histoire.
3. **Message n° 3 : c.** La carte d'anniversaire.

Activité 28, p. 22

	Votre père	Votre mère	Votre professeur
Message n° 1	☐	☒	☐
Message n° 2	☐	☐	☒
Message n° 3	☒	☐	☐

Activité 29, p. 22
Il faut cocher les images **A**, **D** et **E**.
A. C'est une boulangerie. Dans une boulangerie, on achète du pain.
B. C'est un supermarché. Dans un supermarché, on achète tous les produits de la vie quotidienne.
C. C'est une boucherie. Dans une boucherie, on achète de la viande.
D. C'est une pharmacie. Dans une pharmacie, on achète des médicaments.
E. C'est une épicerie. Dans une épicerie, on trouve des produits de la vie quotidienne.
F. C'est un opticien. Chez un opticien, on achète des lunettes.

Activité 30, p. 22
1. **a.** Un texte.
2. **c.** Écrire les ingrédients.
3. **a.** 20 minutes.

Activité 31, p. 23
A. Noéline.
B. Camilla.
C. Bérénice.
Vous devez connaître le vocabulaire pour décrire une personne. Pour décrire, on utilise le physique (*grand/petit*, *maigre/gros*…), les vêtements (*pantalon, pull, jupe*…) et les accessoires (*lunettes, bracelet, chaussures*…).

Activité 32, p. 23

Activité 33, p. 24
Dialogue n° 1 : c. 18 ans.
Dialogue n° 2 : c. 16 ans.
Dialogue n° 3 : b. 38 ans.

Activité 34, p. 24
Dialogue n° 1 : c. Un parapluie.
Dialogue n° 2 : a. Des gants.
Dialogue n° 3 : a. Un chapeau.

Activité 35, p. 24

	Tutoiement	Vouvoiement
Dialogue n° 1	☒	☐
Dialogue n° 2	☐	☒
Dialogue n° 3	☒	☐
Dialogue n° 4	☐	☒

Pour le tutoiement (parler de manière informelle), on utilise le pronom « tu » (exemple : « tu vas »). Pour le vouvoiement (parler de manière formelle), on utilise le pronom « vous » (exemple : « vous allez bien »). Attention, quand on utilise le tutoiement pour deux personnes, on utilise le pronom « vous » (exemple : « Malorie et Kévin, vous faites quoi ? » = Malorie et Kévin sont des amis).

Activité 36, p. 25

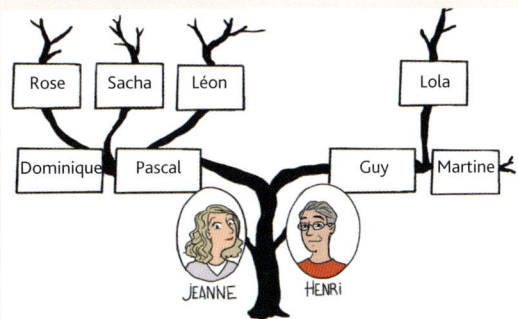

Activité 37, p. 25
Message n° 1 : c. La secrétaire de la directrice.
Message n° 2 : b. Le professeur de français.
Message n° 3 : a. Un ami d'Antoine.

Activité 38, p. 26
Dialogue n° 1 : b. Deux voisins.
Vous notez le vocabulaire de la ville : rue, maisons, mairie.
Dialogue n° 2 : a. Un père et sa fille.
Vous notez le vocabulaire familier de la vie quotidienne à la maison : se brosser les dents, chambre.
Dialogue n° 3 : b. Une professeure et un élève.
Vous notez le vocabulaire de l'école : cours, leçon.

Activité 39, p. 26
Dialogue n° 1 : b. À la cantine de l'école.
Margaux et Alex n'aiment pas les plats et ils vont tous les jours dans cet endroit : c'est donc la cantine.
Dialogue n° 2 : a. En cours de sport.
Candice oublie le cours de sport, elle veut aller en cours d'espagnol !
Dialogue n° 3 : b. Ils lisent un livre.
Chacun lit un livre différent (sur l'Afrique et sur l'Italie).

Activité 40, p. 26
Clara ➜ Lire ➜ Chambre
Clara lit dans sa chambre. Elsa va au cinéma avec des amis.
Enzo ➜ Courir ➜ Cours de dessin
Enzo court pour aller au cours de dessin (il est en retard). Éric va à la bibliothèque.
Oscar ➜ Parler ➜ Dans la salle de sciences
Oscar veut parler au professeur de sciences. Le professeur est dans la salle de sciences.

Activité 41, p. 27

Activité 42, p. 27
A. Dialogue n° 2.
B. Dialogue n° 4.
C. Pas de dialogue correspondant.
D. Dialogue n° 3.
E. Dialogue n° 1.
F. Pas de dialogue correspondant.

Activité 43, p. 28
1. Un livre : chambre
2. Une serviette : salle de bains
3. Une tasse : cuisine
4. Une casquette : chambre
5. Des biscuits : cuisine
6. Un savon : salle de bains

C'est important d'identifier le contexte, comme le lieu (cuisine, salle de bains, chambre), pour faciliter la compréhension des objets. Dans cette activité, il faut connaître les 6 objets pour les relier rapidement à la pièce de la maison.

Activité 44, p. 28
A – C – D – F – G – H
Il faut bien écouter les mots et toutes les lettres : ne pas confondre « poisson » et « boisson » ou ne pas confondre « le lait » et « l'eau ». La « pomme », c'est le fruit. La « pomme de terre », c'est le légume.

Activité 45, p. 29
Message n° 1 : B. Le message décrit une voiture : c'est un moyen de transport, le père conduit (conduire) et il y a plusieurs personnes dans la voiture.
Message n° 2 : A. La télévision est dans le salon. Cet objet permet de regarder des films. Ce n'est pas possible de regarder des films dans un livre ou avec une radio.
Message n° 3 : A. Le message décrit une tente. On peut porter facilement la tente et la monter dans la forêt. On dort dans une tente.

Activité 46, p. 29
Message n° 1 : poste. Dans le message, on entend « timbres », « colis », « lettres », « cartes postales ». On va à la poste pour acheter des timbres ou envoyer des colis, des lettres et des cartes postales.
Message n° 2 : restaurant. Dans le message, on entend « menu », « poisson », « légumes », « carte ». Au restaurant, on lit la carte pour connaître le menu. Il y a des plats comme le poisson et des légumes.
Message n° 3 : mairie. Dans le message, on entend « passeports », « pièces d'identité », « bureau », « les services sont ouverts ». On va à la mairie pour avoir un passeport ou une pièce d'identité. C'est un bâtiment administratif avec des bureaux et des services.

Activité 47, p. 30
Message n° 1 : un gâteau, un diplôme, des cadeaux, une photo. Il faut bien écouter pour distinguer « cadeaux » et « gâteau ».
Message n° 2 : des crayons, un sac, un cahier, une table.

Activité 48, p. 30
Message n° 1 : B. Il faut apporter des feuilles blanches pour le cours de dessin. Il ne faut pas apporter des dessins ni un cahier blanc.
Message n° 2 : C. Il faut prendre une petite bouteille d'eau et un fruit. Il ne faut pas confondre avec le jus de fruits (A).
Message n° 3 : A. Les élèves vont travailler le français avec un ordinateur. Dans le message, on entend « laboratoire informatique » et « ordinateur ».

Activité 49, p. 31
Inès : les assiettes, les verres, les lunettes.
Gregor : les fourchettes, les couteaux, le lit.
Les intrus sont le livre et les cuillères. Ne pas confondre

« lit » et « livre » ; il faut bien écouter les mots dans le document audio. Au niveau A1, il faut connaître les mots « fourchette », « couteau », « cuillère ».

Activité 50, p. 32

1, 2, 3, 8, 9, 10, 11, 14.

Pour bien s'entraîner, écoutez le message une première fois et cochez les numéros des objets compris. Écoutez une deuxième fois le message pour vérifier et compléter vos réponses. Attention, dans le message, il y a « fruits » mais on ne parle pas de « gâteau aux fruits ». Tous les objets en photo dans cette activité doivent être connus au niveau A1.

Activité 51, p. 32

1. **c.** Un shampoing. Inès parle de 3 objets : le shampoing, le savon et la crème. La réponse de Diego « Il est dans le placard de la salle de bains » utilise les mots de la question 1.

2. **a.** La radio. Dans la question, il y a « Fatou ». Donc, il faut bien écouter ce que dit Fatou : « à la radio ».

3. **a.** Un thé. Quand vous lisez la question avant d'écouter le document audio, prononcez dans votre tête les 3 choix : un thé, un café, un verre d'eau. Cela prépare votre écoute.

4. **b.** Son pull rose. Fatou dit « pull rose » et « robe bleue ». Vous pouvez éliminer la réponse A. Pour trouver la bonne réponse, il faut être attentif au verbe « laver ».

Activité 52, p. 33

1. NON Dans le message, il y a des meubles comme « bureau » et « lit » mais il n'y a pas « chaise ».
2. OUI
3. OUI
4. OUI
5. OUI Dans le message, on entend « mes tee-shirts ». Donc l'objet « tee-shirt » doit être coché OUI.
6. NON Dans le message, il y a « des petits trains pour jouer » mais il n'y a pas « console de jeux ».
7. OUI
8. NON Dans le message, on entend « chaussures de football » et non pas « ballon de football ».

S'ENTRAÎNER

Exercice 2, p. 35

1. B.
2. C.
3. b. Du jus de fruits.
4. a. Au stade.

Exercice 4, p. 37

1. c. 15 à 45 minutes.
2. B. Au bureau informations.
3. a. 08.95.13.47.60
4. B.

Exercice 6, p. 39

1. a. Avec le fils.
2. b. 1,20 €.
3. c. Dans la salle à manger.
4. a.

Exercice 8, p. 41

A. Pas de situation correspondante.
B. Situation n° 2.
C. Situation n° 4.
D. Situation n° 3.
E. Pas de situation correspondante.
F. Situation n° 1.

Exercice 10, p. 43

1. NON
2. OUI
3. NON
4. NON
5. OUI

Compréhension des écrits

SE PRÉPARER

Activité 1, p. 50

1. **b.** Dans un mode d'emploi, il y a des instructions. On trouve beaucoup de verbes.
2. **d.** Dans une invitation, il y a un objet (« fête d'anniversaire »), une date, un horaire, un lieu.
3. **a.** Un courriel est un message envoyé avec Internet. On dit aussi « message électronique ».
4. **c.** Dans une carte postale, il y a une formule d'accueil, une formule de prise de congé et une signature.

Activité 2, p. 51

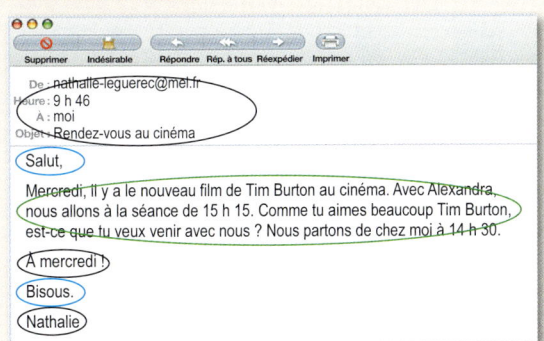

Observer l'organisation du message (c'est un message électronique ou « courriel ») : l'émetteur (le nom de la personne qui écrit) et l'objet sont au début ; une formule de politesse commence le message ; le message principal contient les informations importantes ; une formule de politesse termine le message ; il y a la signature de la personne qui répond (« Nathalie »).

Activité 3, p. 51
1. **c.** (« musique, danser, boissons, gâteau »)
2. **a.** (« stade, ballon, football »)
3. **b.** (« film, billet »)

Activité 4, p. 52
L'émetteur est la personne qui envoie le message.
Message n° 1 :
Émetteur : Bertille
Message personnel (« tu peux, s'il te plaît, chez toi »)
Message n° 2 :
Émetteur : Daniel
Message pour plusieurs personnes (« tout le monde, vous pouvez, je vous écris à vous 3 »)
Message n° 3 :
Émetteur : Marc et Sophie
Message personnel (« nous t'écrivons pour te donner, tu viens avec ta mère »)

Activité 5, p. 52
Message n° 1
Salut,
Je voudrais faire une ratatouille. Est-ce que tu peux acheter des légumes, s'il te plaît ?
Merci et à ce soir.
Message n° 2
Bonjour,
Je suis votre nouveau professeur de français. Pour lundi, vous devez apporter un cahier et des feutres.
Merci.
Message n° 3
Bonjour,
Salut,
Je prépare le cadeau de Tom. Je mets une photo de chacun de ses amis. Tu peux m'envoyer une photo de toi pour demain ? C'est urgent !
Merci.
Message n° 4
Pour le pique-nique, Alexandra apporte le pain. Moi, je viens avec les boissons. Est-ce que tu peux appeler Michaël et Edwige pour leur donner l'heure ? Et envoie l'adresse du parc à mon père, s'il te plaît.
Message n° 5
Tu peux téléphoner à Gaëlle ? Moi, je dois aller à la piscine. N'oublie pas, tu dois aussi donner à Nassima l'heure du rendez-vous pour cet après-midi. Et demande à ton frère s'il est disponible : il a une voiture et il peut aller au cinéma avec nous.
Réponds-moi vite !

Activité 6, p. 53
1. **b.** « Je pars en voyage avec mes parents. Je vais dans ton pays. »
2. Le 16 juillet.
3. **a.** « on peut se voir pour la première fois. »
4. **c.** « une liste des sites touristiques. »
5. **B.** « J'ai mon ordinateur portable »

Activité 7, p. 55
1. Théâtre.
2. Pharmacie.
3. Hôpital.
4. Musée.
5. Usine.
6. Cinéma.
7. Mairie.

Activité 8, p. 55
Message n° 1 : a. Devant l'université.
Message n° 2 : b. Chez Dante.
Message n° 3 : b. Devant le musée.

Activité 9, p. 56

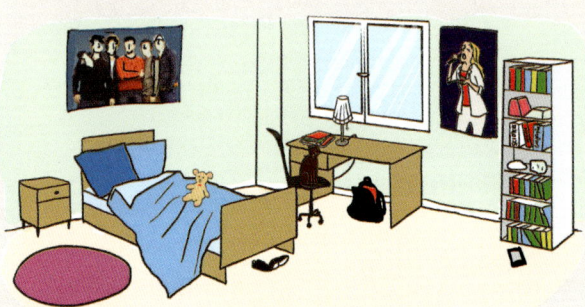

Révisez les mots suivants : *sur, sous, à côté de, au-dessus, au-dessous, dans, entre, à droite, à gauche, devant, derrière.*

Activité 10, p. 57
1. Traverser.
2. Tourner à gauche.
3. Tourner à droite.

Activité 11, p. 57

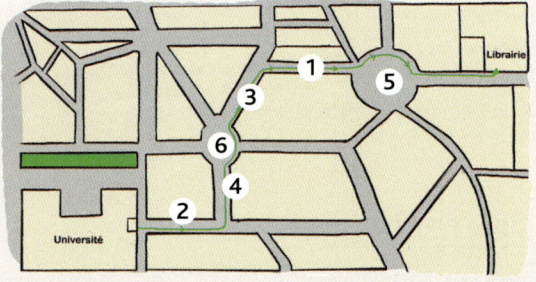

Activité 12, p. 58

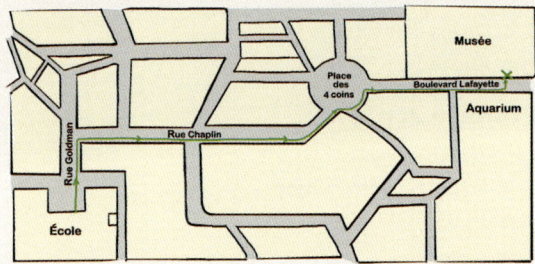

Activité 13, p. 59
a. matin – midi – après-midi – soirée – minuit.
Attention : ne pas confondre « midi » et « minuit ».
b. avant-hier – hier – aujourd'hui – demain – après-demain
Il faut connaître les mois en français au niveau A1.
c. lundi soir – mardi matin – jeudi – jeudi soir – vendredi matin – vendredi midi – week-end.
Il faut connaître les jours en français au niveau A1. En français, on utilise « week-end » ou « fin de semaine » pour samedi et dimanche.

Activité 14, p. 59
1. Mardi, jeudi et vendredi.
2. Histoire, sciences et anglais. « Récréation » n'est pas une matière ; c'est une pause.
3. b. Mardi, de 10 h 15 à 11 h 15. « Avant mercredi » signifie que vous devez voir votre professeur lundi ou mardi ; mardi, vous êtes « libre » de 10 h 15 à 11 h 15.
4. c. L'après-midi.
5. b. Mercredi après-midi. Vous êtes libre mercredi après-midi (= il n'y a pas de cours) et jeudi de 14 h 30 à 15 h 30.

Activité 15, p. 60
A. Annonce n° 2.
B. Annonce n° 4.
C. Annonce n° 1.
D. Annonce n° 3.
E. Annonce n° 5.

Activité 16, p. 61
1. b. Théâtre. « à partir de » signifie « après ».
2. b. Danse, football et théâtre.
3. b. Danse et football. Sans indication sur le prix, on peut penser que c'est gratuit.
4. b. Danse et théâtre.
5. c. Dessin et football. « 2 fois par semaine » signifie « 2 jours différents ».
6. c. Cinéma.

Activité 17, p. 63
1. c. Au bureau de la direction.
2. a. Servir des repas.
3. c. Samedi.
4. c. De 17 h à 18 h.
5. b. Jérôme.

Activité 18, p. 64
Je **vais à l'école** du lundi au vendredi. Mes matières préférées sont les **mathématiques** et l'**anglais**. Avec notre **professeur d'histoire**, nous allons au musée pour apprendre l'histoire de l'Homme. Et le soir, je **fais mes devoirs**.

Activité 19, p. 64
Texte 1
1. a. La secrétaire du directeur. Il y a la signature de la personne qui écrit en bas.
2. b. L'enfant est en retard tous les jours.
3. b. Jeudi 16 novembre. Le message est envoyé le mercredi 15 novembre ; il est possible de prendre rendez-vous le même jour ou après.
Texte 2
1. c. La fête de l'école pour les élèves et les parents.
2. b. Envoyer un message au professeur de musique.
3. b. Les élèves des premières années.

Activité 20, p. 65
1. Est-ce que tu écris de la main droite ou de la main gauche ?
Le 13 août, c'est la journée internationale des personnes qui écrivent de la main gauche (on appelle ces personnes des « gauchers »). Aujourd'hui, les gauchers sont bienvenus dans la société comme les droitiers (les personnes qui écrivent de la main droite). Des analyses scientifiques montrent que les droitiers travaillent beaucoup la pensée et le langage. Les gauchers travaillent plutôt l'espace, les objets et la vitesse. C'est pour cela que beaucoup de sportifs et d'artistes sont gauchers. Il existe des objets pour les gauchers à l'école : taille-crayon, ciseaux et stylos. La vie est plus simple aujourd'hui pour les gauchers à l'école !
2. Vous pouvez chercher les mots suivants : *montrer, pensée, plutôt, sportif, taille-crayon*.
Les autres mots de ce texte sont des mots du niveau A1.

Activité 21, p. 66
1. a. Les élèves. « Nous invitons les élèves » : c'est une invitation pour les élèves.
2. b. Le 23 juin.
3. C. En autobus.
4. b. Visiter des lieux culturels.
5. Chez des familles. « Nous cherchons des familles à Rome pour l'accueil ».

S'ENTRAÎNER

Exercice 2, p. 70
1. c. Dujardin.
2. A.
3. b. 426.
4. A.
5. b. À vos parents.

Exercice 4, p. 73
1. b. Un quartier de Paris.
2. a. Anvers.
3. Image C.
4. c. 250.
5. c. Des cartes postales.

Exercice 6, p. 77
1. a. Travailler l'expression orale en français.
2. b. À 18 h.
3. b. Chantal.
4. b. Mercredi après-midi.
5. b. 15.

Exercice 8, p. 80

1. **b.** Les parents.
2. **b.** À 14 h 30.
3. Image **C**.
4. **c.** Dans le restaurant de l'école.
5. **b.** Les membres de la famille.

Production écrite

SE PRÉPARER

Activité 1, p. 88

1. 1. **E.** Sami.
   2. **D.** Graziella.
   3. **C.** André.
   4. **B.** Angela.
   5. **A.** Nina.

2. Pour l'âge, n'oubliez pas d'écrire « ans » (exemple : j'ai 16 ans) ; pour la taille, n'oubliez pas de respecter le format français (exemple : 1,65 m). Pour vous décrire, vous pouvez donner des informations sur vos cheveux (couleur, longueur), sur votre taille (grand, petit) et sur vos accessoires (lunettes, chapeau). Au niveau A1, vous devez être capable de vous décrire.

Activité 2, p. 89

1. Nationalité : égyptienne – nigérienne – russe – mexicaine – croate.
Ville : Mexico – Bruxelles.
Pays : Roumanie – Belgique – Croatie – Mexique – Russie – Égypte.
N'oubliez pas : on utilise le féminin pour donner la nationalité et on ne met pas de majuscule ; pour les villes et les pays, il faut mettre une majuscule.
2. Attention à ne pas mélanger votre nationalité, votre pays ou votre ville. Parfois, c'est très proche (exemple : mexicaine, Mexico, Mexique).

Activité 3, p. 89

Proposition de corrigé :
Je m'appelle Nicola. Je suis allemand. J'ai 18 ans. J'habite à Berlin, en Allemagne. Ma mère s'appelle Kirsten et mon père s'appelle Georg. J'ai un frère. Il s'appelle Stefan. Je vais au cinéma toutes les semaines et je joue de la guitare. Mon sport préféré est le football.

Activité 4, p. 90

1. Lise.
2. Henri.
3. Émilie.
4. Matias.

Regardez les formulaires : observez les informations demandées et les informations données. Ce sont des modèles pour les exercices suivants.

Activité 5, p. 91

Loisir : D.
Un loisir est un passe-temps, une activité que vous faites souvent. Exemples de loisirs : sport, lecture, cinéma…

Plat préféré : A.
Attention : ne pas donner un aliment mais un plat (exemples d'aliments : poulet, frites, pâtes, riz… ; exemples de plats : ratatouille, pâtes à la bolognaise, quiche lorraine, crêpes…).
Film préféré : E.
Pour donner votre film préféré, vous pouvez donner le titre du film (il n'est pas nécessaire de traduire). Vous pouvez aussi donner le genre de film que vous aimez : aventure, comédie, horreur…
Genre de musique : B.
Les genres de musique sont les suivants : jazz, hip-hop, rock'n'roll, électro, country, latino, pop, rap…
Transport pour aller à l'école : C.
Il y a plusieurs transports possibles : voiture, autobus, vélo, à pied, métro, train. Attention, ce sont des transports « pour aller à l'école » (exemple : « avion » ne fonctionne pas).

Activité 6, p. 92

Prénom : Cristiano.
Date de naissance : 17 février 2001.
La date de naissance doit être complète : jour, mois, année.
Nationalité : italienne.
La nationalité s'écrit au féminin.
Adresse électronique : cristianob@mel.it
L'adresse électronique est différente de l'adresse postale (ou adresse du domicile).
Langue maternelle : italien.
La langue s'écrit au masculin.
Niveau de français : débutant.
Les niveaux sont débutant, intermédiaire et avancé.
Loisirs : lecture et musique.
La question est au pluriel (« loisirs ») ; il faut deux réponses. L'école n'est pas un loisir.
Matières préférées : mathématiques et anglais.
La question est au pluriel (« matières ») ; il faut deux réponses. L'école n'est pas une matière.

Activité 7, p. 92

Âge : 18 ans
Date de naissance : 25/01/2000
Adresse : 176, boulevard Kahn
Code postal : 59000
Ville : Lille
Pays : France
Adresse électronique : albert.legrand@mel.fr
Téléphone : 03 20 41 05 00
Nationalité : française
Date : 03/04/2018

Activité 8, p. 93

N'oubliez pas : dans le DELF, vous pouvez donner d'autres informations. Par exemple, il n'y a pas d'obligation à donner votre vrai prénom ; vous pouvez inventer votre prénom.
Prénom : notez votre prénom ou un prénom inventé (attention, ne donnez pas une autre information comme un nom ou une ville).

Sexe : il y a deux sexes : homme ou femme.
Classe : vous donnez votre classe ; c'est un nom ou un numéro.
Âge : donnez votre âge (n'oubliez pas de mettre « ans »).
Adresse électronique : écrivez votre adresse électronique ou une adresse électronique inventée ; dans une adresse électronique, il y a « @ ».
Matière(s) préférée(s) : quand le « s » est entre parenthèses, cela signifie que vous pouvez donner une ou deux informations.
Sport(s) pratiqué(s) : donnez un sport ou deux sports.
Vos 2 loisirs préférés : ici, il faut écrire 2 informations.
Horaires de disponibilité : écrivez l'information au format horaire (exemple : de 16 h à 17 h 30).

Activité 9, p. 93
Proposition de corrigé :
Nom de l'école : école Alexander Bain
Adresse : 55, rue Lafayette, 70801 Bâton-Rouge, Louisiane, États-Unis
Classe : 9th
Nombre d'élèves : 15
Nom du professeur de français : Mme Leroy
Nombre d'heures de français par semaine : 2 h
Votre prénom : Michael
Votre adresse : 1785, rue Jefferson, 70801 Bâton-Rouge, Louisiane, États-Unis
Vous pouvez donner un format français à votre adresse (numéro de maison + « rue, boulevard, avenue… » + nom + code postal + ville). Vous pouvez aussi mettre l'adresse au format de votre pays. Quand on demande l'adresse sans indiquer « code postal » et « ville », vous pouvez tout écrire.
Votre numéro de téléphone : 787 6177
Vous pouvez écrire le numéro au format de votre pays (en France, il y a 10 chiffres dans un numéro de téléphone).
Votre monument de Paris préféré : Tour Eiffel

Activité 10, p. 94
Propositions de corrigé :
1. Je vais à la plage. / Je joue à la plage.
2. Je fais du vélo. / Je fais du vélo avec mon frère.
3. Je joue au ballon. / J'aime jouer au ballon dans mon jardin.
4. Je joue avec mes amis. / Je vais au centre commercial avec mes amis.
5. Je suis dans un avion. / J'ai un nouveau jouet. C'est un avion.
Apprenez à utiliser les verbes « être, avoir, faire, jouer, aller, aimer » avec les prépositions correctes.

Activité 11, p. 94
Proposition de corrigé :
A. J'achète un souvenir. J'achète un objet dans un magasin de souvenirs.
B. Je nage à la mer.
C. Je prends une photo.
D. Je voyage en train.
L'objectif est d'écrire des activités. Exemple : « Je suis dans un train » n'est pas une activité.

Activité 12, p. 95
Proposition de corrigé :
1. Je vais à la plage avec mes amis.
2. Je marche dans la forêt avec mes parents et mon chien.
3. Je prends des photos des monuments avec ma famille.
4. Je mange une glace à Cannes avec mes frères et sœurs.
5. J'achète des souvenirs dans les boutiques de Paris avec mes amis.

Activité 13, p. 95
Message n° 1 : B.
C'est un message de la mère. On ne dit pas « chérie » à sa mère.
Message n° 2 : A.
C'est un message pour le début de la nouvelle année. Christine tutoie, donc on peut tutoyer.
Message n° 3 : B.
Aurélien demande d'être appelé.

Activité 14, p. 96
Proposition de corrigé :
1. Salut Bryan. D'accord, je vais au cinéma avec toi. Merci pour l'invitation. À samedi.
2. Salut. On peut acheter un vêtement ou un CD. Appelle-moi pour en parler.
3. Salut Tania. Je pars de chez moi à 9 h. Et toi ? À demain.
4. Salut. Merci pour ton message. Je vais bien, et toi ? À bientôt.
5. Merci Thomas. Comment est-ce que tu vas ? Bises.

Activité 15, p. 96
Proposition de corrigé :
Salut Paula,
Je vais bien, merci. Et toi ? Ce week-end, je vais à la montagne. Je vais faire du ski. J'aime la neige ! Ma famille vient avec moi. Mes parents et mes frères vont bien. Pour les vacances, je vais au Brésil. Oui, on peut se voir la semaine prochaine.
Bises.
Pour répondre à un message, vous pouvez utiliser des mots des questions et formuler une phrase (exemple : Est-ce qu'on peut se voir la semaine prochaine ? → Oui, on peut se voir la semaine prochaine). N'oubliez pas de répondre à toutes les questions.

Activité 16, p. 97
La santé : Comment est-ce que tu vas ?
La météo : Quel temps fait-il ?
Les activités : Qu'est-ce que tu fais ?
Le lieu : Où c'est ? / Où est-ce que tu es ?
La date : Quand est… ? / Quel jour est… ?

Activité 17, p. 97

	Vous écrivez à votre ami Cyril.	Vous écrivez à votre professeur de français.	Vous écrivez à vos amis Florentine et Germain.
Vous demandez leur numéro de téléphone.	Quel est ton numéro de téléphone ?	Quel est votre numéro de téléphone ?	Quels sont vos numéros de téléphone ?
Vous demandez où ils sont.	Où est-ce que tu es ?	Où êtes-vous ?	Où êtes-vous ? / Où est-ce que vous êtes ?
Vous demandez les devoirs du cours de français.	Est-ce que tu peux me donner les devoirs du cours de français ?	Est-ce que vous pouvez me donner les devoirs du cours de français ?	Est-ce que vous pouvez me donner les devoirs du cours de français ?

Pour un ami, vous utilisez « tu » ; pour un professeur, vous utilisez « vous » ; pour deux amis, vous utilisez « vous » (= le pluriel de « tu »).

Activité 18, p. 97
Proposition de corrigé :
Salut,
Je m'appelle Isis. On peut se dire « tu ». Comment tu t'appelles ? Moi, j'ai 14 ans. Et toi, tu as quel âge ? J'habite en Égypte. Quelle est ta ville en France ? Quelles sont tes activités préférées ? Je n'ai pas de frère. Et toi, est-ce que tu peux me parler de ta famille ? Est-ce que tu as des animaux ?
À bientôt.

Activité 19, p. 98
1. Pour saluer (au début) : *bonjour – salut – cher/chère…*
Pour prendre congé (à la fin) : *à bientôt – à demain – au revoir – salut – à plus tard – bises – cordialement*.
2. *Bonjour – salut – à bientôt – à demain – au revoir – salut – à plus tard – bises.*
3. *Bonjour – cher/chère… – cordialement.*
« Salut » peut être utilisé pour saluer et pour prendre congé.

Activité 20, p. 98
Message n° 1 : Salut. Tu vas bien ? Tu veux venir chez moi cet après-midi ? **Bises.**
Message n° 2 : Bonjour. Je voudrais prendre un livre pour ce week-end. J'attends votre réponse. **Cordialement.**
Message n° 3 : Salut. Je prends des sandwichs pour demain. Et toi ? **À demain.**

Activité 21, p. 99
Proposition de corrigé :
Salut Mélanie,
Merci pour ton invitation. Je vais venir avec mes parents. Je vais prendre mon vélo. Aujourd'hui, je vais au centre commercial avec mes parents. Je dois acheter un manteau. Et toi, qu'est-ce que tu fais ?
À plus tard.
Bises.

Activité 22, p. 99
1. 35.
2. est-ce que – après-midi – peut-être – grands-parents – appelle-moi.

S'ENTRAÎNER

Exercice 2, p. 101
Proposition de corrigé :
Formulaire d'inscription aux clubs
NOM : XXXXXXXXXXXX
Prénom : Agata
Âge : 16 ans
Classe : 10ᵉ
Téléphone : 06484487
Jour(s) disponible(s) : mercredi et jeudi
Loisirs préférés (2) : sport – cinéma
Style de musique écouté : rap
Matières préférées (2) : français – sciences

Exercice 4, p. 103
Proposition de corrigé :
Salut Mila,
Moi, je suis en vacances à Porto, au Portugal. Je vais bien. Je vais à la plage avec mes parents. Et je joue au tennis avec mon frère. Mes grands-parents sont aussi à Porto. Il fait beau. Il y a du soleil tous les jours.
Bises.

Production orale

SE PRÉPARER

Activité 1, p. 110
1. a. Je **m'appelle** Roberto. Je **suis** brésilien. **J'ai** 19 ans.
b. Je **m'appelle** Marta Adamski. **J'habite** à Varsovie, en Pologne. Je **suis** étudiante.
c. Je **suis** Elias et **j'ai** 18 ans. Je **suis** libanais. **J'étudie** la biologie. Je **suis** célibataire.
2. Pour donner votre prénom et votre nom : *s'appeler (je m'appelle)* ou *être (je suis)*.
Pour donner votre nationalité : *être (je suis)*.
Pour donner votre âge : *avoir (j'ai)*.
Pour donner votre ville : *habiter (j'habite)*.

Avant une ville, il faut mettre « à ».
Exemple : j'habite à Varsovie.
Pour donner votre profession : *être (je suis)*.
Il n'y a pas d'article avant la profession.
Exemple : je suis professeur.
Pour donner votre état civil : *être (je suis)*.

Activité 2, p. 110

1. **A.** Famille 2.
   B. Famille 1.
   C. Famille 3.

2. **Proposition de corrigé :**

Mes parents s'appellent [prénom] et [prénom]. Ma mère a [âge] ans et mon père a [âge] ans. Ma mère est [profession] et mon père est [profession]. J'ai [nombre] frères et sœurs. Ils s'appellent [prénoms]. Mon frère est étudiant et ma sœur va à l'école.

Pensez à organiser vos idées : donnez toutes les informations sur vos parents (prénoms, âges, professions) et ensuite, les informations sur vos frères et sœurs (nombre, prénoms, professions).

Activité 3, p. 111

1.

	Matin	Après-midi	Soir
Lundi	école	école	devoirs
Mardi	école	école	musique
Mercredi	école	école	
Jeudi	école	école	musique
Vendredi	école	école	bibliothèque
Samedi	basket-ball	parc	
Dimanche	voir grands-parents	jouer dans la chambre	cinéma

Les activités (ou « loisirs ») sont tout ce que vous faites après l'école ou le samedi et le dimanche.

Activité 4, p. 112

1.

	Katy	Charles
Nouveau restaurant français	+	−
Gastronomie française	+	+
Pain	+	+
Fromage	+	−

2. Katy : *j'aime bien / c'est génial / j'aime / c'est super*.
Charles : *je n'aime pas / j'aime bien / c'est très bon / je déteste*.
Pour parler de vos goûts, dites « j'aime » ou « je n'aime pas ». Vous pouvez utiliser des expressions comme « c'est super ». « Je déteste » est plus fort que « je n'aime pas ».

Activité 5, p. 112

1.

	Affirmation	Question
Phrase n° 1	☒	☐
Phrase n° 2	☐	☒
Phrase n° 3	☐	☒
Phrase n° 4	☐	☒
Phrase n° 5	☒	☐

2. Phrases affirmatives : l'intonation est descendante (↘).
Dans les phrases affirmatives, le son de la voix baisse (↘) à la fin de la phrase.
Phrases interrogatives : l'intonation est montante (↗).
Dans les phrases interrogatives, le son de la voix monte (↗) à la fin de la phrase.

Activité 6, p. 113

Question **1** : Réponse **d**.
Question **2** : Réponse **c**.
Question **3** : Réponse **e**.
Question **4** : Réponse **a**.
Question **5** : Réponse **b**.

Activité 7, p. 113

1. Je suis i̲talien.
2. J'ai 15 a̲ns.
3. J'ai un frère et une sœur. Ils s'appellent Guido et Lorena.
4. J'habite à̲ Naples, en̲ Italie.
5. Je fais des̲ exercices de français tous les jours.
Vous pouvez faire une liaison quand il y a une voyelle (voyelles : a, e, i, o, u, y). **Attention**, il y a une exception : la liaison est interdite après « *et* ».

Activité 8, p. 114

Examinatrice : Bonjour.
Felipe : Bonjour.
Examinatrice : Bienvenue à l'épreuve de production orale du DELF A1. La première partie de l'épreuve est l'entretien dirigé. Je vous pose des **questions** pour vous connaître. Ça va ? Est-ce que nous pouvons **commencer** ?
Felipe : Oui, ça va.
Examinatrice : Comment est-ce que vous vous appelez ?
Felipe : Je m'appelle Felipe Gonsalez.
Examinatrice : Comment ça s'écrit votre nom ?
Felipe : Je ne comprends pas. Est-ce que vous pouvez **répéter** ?
Examinatrice : Bien sûr. Est-ce que vous pouvez **épeler** votre nom ?
Felipe : Oh, oui. G-O-N-S-A-L-E-Z.
Examinatrice : Merci. Quel **âge avez-vous** ?
Felipe : J'ai 16 ans.
Examinatrice : Combien de **frères et sœurs** avez-vous ?
Felipe : J'ai **deux** sœurs et trois **frères**.
Examinatrice : C'est une grande famille ! Vous êtes le plus **jeune** ?
Felipe : Non, mon frère Pedro a 13 ans.

Examinatrice : D'accord. Est-ce que vous aimez la **musique** ? Quel est votre **instrument** préféré ?
Felipe : Oui, j'aime la **musique**. Je **fais** de la guitare avec mon père.
Examinatrice : Oh, super ! Et **combien de fois** par semaine est-ce que vous faites de la guitare ?
Felipe : Deux fois par semaine.
Examinatrice : Quand ?
Felipe : Le mercredi et le samedi.
Examinatrice : Merci Felipe. La première partie de l'épreuve est terminée. Nous passons maintenant à la deuxième partie.

Activité 9, p. 115
A. Animaux. – **B.** Marié(e). – **C.** Ordinateur portable – **D.** Ville. – **E.** Famille. – **F.** Mer. – **G.** Télévision. – **H.** Téléphone.

Activité 10, p. 116
Vélo – Transport
Vêtement – Pantalon
Voyage – Avion
Cinéma – Film
Lecture – Bibliothèque
Chanteur – Musique

Activité 11, p. 116
Nom – Comment ?
Exemple : Comment est-ce que vous vous appelez ?
Date – Quand ?
Exemple : Quand est votre anniversaire ?
Adresse – Où ?
Exemple : Où est-ce que vous habitez ?
Personne – Qui ?
Exemple : Qui est votre meilleur ami ?
Nombre – Combien ?
Exemple : Combien est-ce que vous avez de frères et sœurs ?

Activité 12, p. 116
1. Comment s'appelle votre mari ?
2. Quelle est votre profession ?
3. Qu'est-ce que vous faites le samedi ?
4. Combien avez-vous d'animaux ?
5. Quand est-ce que vous avez des vacances ?
6. Quel est votre livre préféré ? « Où est votre livre préféré ? » est une réponse possible.
7. Vous aimez **quoi** ?
8. Où est-ce que vous allez en vacances ? « Quand est-ce que vous allez en vacances ? » est une réponse possible.
Le mot interrogatif « quoi » se place à la fin de la question. Vous pouvez le remplacer par « Qu'est-ce que » au début de la question. Exemple : Vous aimez quoi ? → Qu'est-ce que vous aimez ?

Activité 13, p. 116
Propositions de corrigé :
1. Où est-ce que vous aimez marcher ? / Est-ce que vous marchez beaucoup ?
2. Quelle est la date de votre anniversaire ? / Quand est votre anniversaire ?
3. Comment est votre voiture ? / Quelle est la couleur de votre voiture ?
4. Est-ce que vous allez au théâtre ? / Combien de fois par mois est-ce que vous allez au théâtre ?
5. Quelle est la couleur de votre crayon ? / Combien de crayons est-ce que vous avez ?
Vous pouvez utiliser « Est-ce que… ? » avec tous les mots. Dans l'épreuve de production orale du DELF, vous devez montrer que vous savez poser des questions en français. Alors apprenez à utiliser les différents mots interrogatifs.

Activité 14, p. 117
1. Moi, je parle arabe et français. / Moi aussi.
2. Oh ! Moi, je n'ai pas de famille. / Oh, et comment s'appellent vos enfants ?
3. Moi, je ne connais pas la France. / Moi, je veux connaître Paris et le sud de la France.
4. Moi non plus. / Moi, je suis trop jeune.
5. Ah, je connais monsieur Hoffmann. / D'accord. Le directeur de mon école s'appelle monsieur Andrieu.
Pour réagir (réagir = répondre à une phrase), vous pouvez utiliser une expression ou poser une question (exemple : *Oh, et comment s'appellent vos enfants ?*).

Activité 15, p. 117
Examinatrice : La deuxième partie est un échange d'informations. Vous me posez des questions pour **me connaître**. Vous avez six mots. Vous me posez cinq questions. Est-ce que ça va ? Nous pouvons commencer ?
Felipe : Oui, ça va, merci.
Examinatrice : Alors, nous commençons. Je vous écoute.
Felipe : Est-ce que vous allez souvent **sur Internet** ?
Examinatrice : Oui, j'utilise Internet tous les jours.
Felipe : Moi aussi. Je fais mes devoirs avec Internet. Quel est votre dessert préféré ?
Examinatrice : J'adore la tarte aux pommes.
Felipe : C'est vrai, **c'est bon**. Comment est-ce que vous venez à l'école ?
Examinatrice : Je viens à l'école en voiture.
Felipe : D'accord. Moi, je viens en voiture avec ma mère. Est-ce que vous avez des enfants ?
Examinatrice : Oui, j'ai deux enfants, un garçon et une fille.
Felipe : Comment ils s'appellent ?
Examinatrice : Ils s'appellent Emilio et Cristina.
Felipe : Merci. Où est-ce que vous regardez la télévision ?
Examinatrice : Je regarde la télévision dans le salon.
Felipe : Oh, moi, j'ai une télévision **dans ma chambre**.
Examinatrice : Merci. La deuxième partie est terminée. Nous passons maintenant à la troisième partie.

Activité 16, p. 118
1. Pour saluer : bonjour – salut – bonjour monsieur/bonjour madame.
Pour prendre congé : à bientôt – bonsoir – à plus tard – salut – au revoir – à demain.
Le mot « salut » peut être utilisé dans les deux situations : pour saluer et pour prendre congé.

2.

	Situation formelle	Situation informelle
bonjour	☒	☒
à bientôt	☐	☒
bonsoir	☒	☒
à plus tard	☐	☒
salut	☐	☒
bonjour madame/ bonjour monsieur	☒	☐
au revoir	☒	☒
à demain	☒	☒

Les mots « bonjour » et « au revoir » sont les mots les plus utilisés pour saluer et prendre congé. Ils fonctionnent dans les situations formelles et informelles. Attention : dans une situation formelle, on préfère « bonjour madame » ou « bonjour monsieur ».

Activité 17, p. 118

Dialogue n° 1 :
– **Salut** Aurélie.
– **Salut** Thomas. Ça va ?
– Oui, ça va, merci. Je cherche le truc pour faire mon exercice de mathématiques.
– Oh ! Le cours est dans 1 heure !
– Oui, je sais. Je suis en retard.
– Bon, je te laisse faire ton exercice. **À tout à l'heure.**
– **À tout à l'heure.**

Dialogue n° 2 :
– **Bonjour.**
– **Bonjour madame.** Je voudrais un timbre s'il vous plaît.
– Bien sûr. Et voilà !
– Merci. **Au revoir madame.**
– **Au revoir.**

Dialogue n° 3 :
– **Bonjour.** Asseyez-vous. Je vais vous donner vos notes.
– Monsieur, j'ai rendez-vous avec le directeur.
– Très bien. Alors, tu peux sortir Aurélien. **Au revoir.**
– Merci. **Au revoir monsieur.**

Activité 18, p. 119

Situation n° 1 :
1. La soupe, qu'est-ce que c'est ?
2. Quels sont les desserts ?
3. Combien coûte le menu ?

Situation n° 2 :
1. Combien de livres est-ce que je peux prendre ?
2. Quels sont les horaires d'ouverture ?
3. Combien coûte l'inscription ?

Situation n° 3 :
1. Quels jours est-ce que je peux faire du sport ?
2. Le théâtre, c'est à quelle heure ?
3. Qui est le professeur de théâtre ?

Pour demander des informations, vous pouvez :
– poser des questions sur les informations que vous avez (exemple : *La soupe*, qu'est-ce que c'est ?) ;
– poser des questions sur d'autres informations (exemple : *Quels sont les desserts ?*) ;
– utiliser les mots de la situation (exemple : *Combien coûte l'inscription ?*) ;
– demander les prix, les tarifs (exemple : *Combien coûte le menu ?*).

Activité 19, p. 120

1. Quelle est la taille de ce pantalon ?
2. Combien coûte ce livre ?
3. Est-ce que vous avez des pommes de terre ?
4. Où est-ce que je pourrais avoir un plan ?
5. Vous avez des stylos de quelles couleurs ?

Activité 20, p. 120

1. Âge d'Ismaël : Mon ami Ismaël a 17 ans. / Type, genre de livre : Il aime les livres avec des histoires fantastiques et beaucoup de dessins.
2. Taille : Chloé est petite. / Couleur : Elle aime le rose et le rouge.
3. Odeurs préférées : Greg adore l'odeur des arbres. / Prix : J'ai 45 euros.
4. Âge de Maggy : Maggy a 3 ans. / Goûts : Elle aime les animaux.

Pensez à toujours faire une phrase !

Activité 21, p. 121

La vendeuse : Est-ce que vous voulez autre chose ?
Guillaume : Non merci. **Quel est le prix total s'il vous plaît ?**
La vendeuse : 83 €.
Guillaume : Est-ce que je peux payer en espèces ?
La vendeuse : Bien sûr.
Guillaume : Alors voilà, 83 €.
La vendeuse : C'est parfait, merci.
Guillaume : Est-ce que je peux avoir un sac s'il vous plaît ?
La vendeuse : Bien sûr. Voilà vos objets et un sac.
Guillaume : Merci, au revoir madame.
La vendeuse : Au revoir jeune homme.

Pensez à utiliser les formules de politesse : *non merci, s'il vous plaît, merci, au revoir madame.*

Activité 22, p. 121

1.

2.

3.

Activité 23, p. 122

Examinatrice : La troisième partie est un dialogue simulé. Il y a une situation et nous jouons un rôle. Vous voulez obtenir un service ou un produit. Vous devez me poser des questions. Vous avez le sujet n° 4 : à la cafétéria de votre centre de langues. Vous êtes dans un centre de langues à Paris. Vous mangez à la cafétéria. Vous posez des questions sur les plats, vous choisissez et vous payez. Je joue le rôle de l'employé de la cafétéria. Est-ce que ça va ? Nous pouvons commencer ?
Felipe : Oui, ça va, merci.
Examinatrice : Alors, nous commençons.
Felipe : Bonjour madame.
Examinatrice : Bonjour.
Felipe : Quel est le menu du jour ?
Examinatrice : Aujourd'hui, nous avons des frites, du poulet, des légumes et du poisson.
Felipe : Qu'est-ce que c'est, les légumes ?
Examinatrice : Il y a des carottes, des brocolis et des haricots.
Felipe : Est-ce que je peux prendre des légumes avec du poulet ?
Examinatrice : Bien sûr. Quels légumes ?
Felipe : Des carottes **s'il vous plaît**.
Examinatrice : D'accord.
Felipe : Et qu'est-ce qu'il y a pour le dessert ?
Examinatrice : Nous avons un gâteau au citron ou un yaourt au chocolat.
Felipe : Combien est-ce que le gâteau et le yaourt coûtent ?
Examinatrice : Le gâteau coûte 1 euro 60 et le yaourt coûte 1 euro.
Felipe : Je voudrais le gâteau au citron s'il vous plaît.
Examinatrice : Est-ce que vous voulez autre chose ?
Felipe : Oui, **je voudrais** une boisson. Est-ce que vous avez un soda à l'orange ?
Examinatrice : Oui. Quelle taille est-ce que vous voulez ?
Felipe : 33 centilitres s'il vous plaît. **Quel est le prix total de mon menu ?**
Examinatrice : Alors, c'est 6 euros 20. Pour 6 euros 50, vous avez un menu complet avec une entrée. Est-ce que vous voulez une entrée ?
Felipe : Non merci. Voilà 6 euros 20.
Examinatrice : Merci. Voilà votre plat, votre dessert et votre boisson.
Felipe : Merci, **au revoir madame.**
Examinatrice : Au revoir. Merci Felipe. L'épreuve est terminée. Je prends avec moi le matériel. N'oubliez pas votre pièce d'identité et votre convocation. Bonne journée.

S'ENTRAÎNER

Exercice 2, p. 125

Proposition de corrigé :
1. J'ai 13 ans. Je suis né le 11 mai 2009.
2. J'ai 2 frères et 1 sœur. Mes frères s'appellent Eduardo et Guillermo. Ma sœur s'appelle Elena.
3. J'aime le rock et le rap.
4. Mon école s'appelle Anne Frank. Je suis en deuxième année.
5. Je parle espagnol, anglais et un peu français.

Exercice 3, p. 125

Proposition de corrigé :
1. Ma chambre est grande. Il y a un lit et un bureau.
2. Avec mes amis, nous allons au parc pour jouer au football. Le samedi, on va au cinéma.
3. J'ai un chien et un chat. Mon chien s'appelle Rex et mon chat s'appelle Félix.
4. Je vais à l'école en voiture avec ma mère.
5. Mes matières préférées sont l'histoire, les mathématiques et le français.

Exercice 5, p. 127

Propositions de corrigé :
Lire : Qu'est-ce que vous lisez ? / Quel est votre livre préféré ?
Mercredi : Qu'est-ce que vous faites le mercredi ? / Quel est votre jour préféré ?
Restaurant : Quand est-ce que vous allez au restaurant ? / Qu'est-ce que vous mangez au restaurant ?
Profession : Quelle est votre profession ? / Est-ce que vous êtes professeur de français ?
Chien : Est-ce que vous avez des animaux ? / Combien de chiens est-ce que vous avez ?
Fruit : Combien de fruits est-ce que vous mangez tous les jours ? / Quel est votre fruit préféré ?

Exercice 6, p. 127

Propositions de corrigé :
Autobus : Quand est-ce que vous prenez l'autobus ? / Quel moyen de transport est-ce que vous utilisez ?
Français : Où est-ce que vous parlez français ? / Quel est votre niveau de français ?
Voyage : Quel est votre voyage préféré ? / Avec qui est-ce que vous allez en voyage ?
Voiture : Comment est votre voiture ? / Est-ce que vous avez une voiture ?
Déjeuner : Qu'est-ce que vous mangez au déjeuner ? / À quelle heure est-ce que vous déjeunez ?
Parent : Comment s'appellent vos parents ? / Est-ce que vous avez des enfants ?

Exercice 8, p. 128

Questions possibles pour obtenir des informations : Est-ce que vous avez un sac s'il vous plaît ? / Quelle taille de sac est-ce que vous avez ? / Quelle est la couleur des stylos ? / Combien coûte le stylo ? / Quel est le prix total s'il vous plaît ?
Phrases possibles : Je voudrais un cahier. / Je voudrais un grand cahier bleu. / Je voudrais des stylos bleus, rouges et noirs. / Je vais prendre le sac, des stylos et un cahier.

ÉPREUVE BLANCHE

Compréhension de l'oral

Dans les épreuves de compréhension écrite et orale, l'orthographe et la syntaxe ne sont pas prises en compte, sauf si elles altèrent gravement la compréhension. Le correcteur acceptera les réponses données ci-dessous et toute reformulation ou réponse cohérente avec la question posée.

Exercice 1, p. 134
1. **B.** D.
2. **C.** Vendredi, en fin de journée.
3. **C.** Au 3e étage.
4. Image B.

Exercice 2, p. 134
1. **A.** 1649.
2. Image B.
3. **A.** Dans le hall n° 6.
4. Image C.

Exercice 3, p. 135
1. **C.** Dans la salle de bains.
2. **B.** 3.
3. **A.** Du riz et du poulet.
4. **C.** Appeler la mère de la famille.

Exercice 4, p. 135
Image A : Situation n° 4.
Image B : Situation n° 2.
Image C : Ne correspond à aucune situation.
Image D : Situation n° 1.
Image E : Ne correspond à aucune situation.
Image F : Situation n° 3.

Exercice 5, p. 136
1. OUI
2. NON
3. OUI
4. NON
5. OUI

Compréhension des écrits

Exercice 1, p. 137
1. Image B.
2. **A.** Près du vendeur de glaces.
3. **A.** 10 €.
4. Image B.
5. **B.** Sur son téléphone portable.

Exercice 2, p. 138
1. **B.** Elle va dans son pays.
2. **A.** Un dessert.
3. **B.** À 18 h 30.
4. Image C.
5. **C.** De lui donner votre numéro de téléphone.

Exercice 3, p. 140
1. **C.** 308.
2. **A.** Toutes les 30 minutes.
3. **B.** En face du directeur.
4. **A.** À l'accueil.
5. **A.** M. Durand.

Exercice 4, p. 141
1. **B.** À la cantine.
2. **A.** 12 h 15.
3. Image B.
4. **A.** Entre 1,50 € et 5,50 €.
5. **C.** Les professeurs.

Production écrite

Exercice 1, p. 142
Réponses possibles :
Prénom : Cameron, Isabel, Marc, Sofía…
Date de naissance : 15/04/2005, 30/05/2002, 13/06/2003…
Nationalité : anglaise, italienne, égyptienne, argentine…
Adresse personnelle : Via Roma 333, Calle San Miguel, 305 rue Saint-Laurent…
Ville : Pise, Barcelone, Rio de Janeiro… Pays : Italie, Angleterre, Espagne, Pérou…
Adresse électronique : cameron@monadresse.fr…
Matières préférées (2) : mathématiques, histoire, sciences, sport, géographie, dessin…
Langue(s) parlée(s) : français, anglais, allemand, espagnol, italien, arabe…

Exercice 2, p. 142
Réponses possibles :
Bonjour. / Salut. / Je fais une fête pour mon anniversaire. / Je fête l'anniversaire de mes parents. / Je fais une fête pour la fin de l'école. / C'est chez moi. / J'organise la fête chez moi. / C'est samedi à 16 h. / La fête commence à 14 h. / Je fais un grand gâteau. / Je prépare des jeux. / J'invite plusieurs amis. / Tous mes amis de l'école viennent. / Est-ce que tu veux venir ? / Est-ce que tu es disponible ? / J'attends une réponse s'il te plaît. / Est-ce que tu peux me répondre ? / Merci. / À bientôt. / À plus tard. / Bises. / Bisous.

Production orale

1. Entretien dirigé, p. 143
Réponses possibles :
Je m'appelle… / J'ai … ans. / Je suis espagnol(e). / J'habite à… / Je fais du rugby. / J'aime le chocolat. / J'ai 2 frères. / Mes frères s'appellent Carlos et Ricardo. / J'ai un chien. Il s'appelle Rex. / Ma mère s'appelle Sylvia.

2. Échange d'informations, p. 143
Réponses possibles :
Dimanche : Qu'est-ce que vous faites le dimanche ? / Quel est votre jour préféré ?

Écrire : Qu'est-ce que vous écrivez ? / Est-ce que vous aimez écrire avec un stylo ou un crayon ?
Ordinateur : Comment est votre ordinateur ? / Qu'est-ce que vous faites sur votre ordinateur ?
Montre : Quelle heure est-il sur votre montre ? / Comment est votre montre ?
Film : Quel est votre film préféré ? / Quel genre de film est-ce que vous aimez ?
Saison : Quelle est votre saison préférée ? / Qu'est-ce que vous faites l'été ?

3. Dialogue simulé, p. 143
Réponses possibles :
Bonjour madame. / Bonjour monsieur. / Je voudrais manger. / Qu'est-ce que vous avez ? / Je voudrais une entrée, un plat et un dessert s'il vous plaît. / Qu'est-ce qu'il y a dans les sandwichs ? / Est-ce que vous avez du poulet ? / Je préfère le poisson. Est-ce que vous avez du poisson ? / Je voudrais du jus d'orange s'il vous plaît. / Pour le dessert, je voudrais une pomme. / Je voudrais une tarte pour le dessert. / Combien coûte le menu ? / Combien ça coûte, un dessert ? / Quel est le prix du jus d'orange ? / Quel est le total s'il vous plaît ? / Voici l'argent. Merci. / Bonne journée./ Au revoir madame. / Au revoir monsieur.

Références des images

9 JohnnyGreig - iStockphoto ; **10** vetkit - stock.adobe.com ; **11** mariesacha - stock.adobe.com ; **16 (1)** Rawpixel.com - stock.adobe.com ; **16 (2)** Anna Om - stock.adobe.com ; **16 (3)** valiza14-Fotolia.com ; **16 (4)** jahmaica - stock.adobe.com ; **17 (bd)** RastoS - Shutterstock ; **18 (mg)** choja - iStockphoto ; **18 (hg)** George Rudy - Shutterstock ; **18 (bg)** Bangkoker - Shutterstock ; **21** Luc Lombarda - stock.adobe.com ; **22 (a)** solivo - stock.adobe.com ; **22 (d)** benjaminnolte - stock.adobe.com ; **22 (c)** Photoagriculture - stock.adobe.com ; **22 (f)** wemm - stock.adobe.com ; **22 (e)** markobe - stock.adobe.com ; **22 (b)** Eisenhans - stock.adobe.com ; **22 (hg)** Nikolai Sorokin - stock.adobe.com ; **24 (hd)** malvine_99 - stock.adobe.com ; **24 (bd)** vitalily_73 - stock.adobe.com ; **24 (mm)** Alice - stock.adobe.com ; **24 (bg)** jantima14 - stock.adobe.com ; **26 (1)** drmonochrome - stock.adobe.com ; **26 (2)** verkoka - stock.adobe.com ; **26 (3)** verkoka - stock.adobe.com ; **26 (4)** verkoka - stock.adobe.com ; **27 (1)** verkoka - stock.adobe.com ; **27 (2)** verkoka - stock.adobe.com ; **28 (d1)** MZaitsev - stock.adobe.com ; **28 (d2)** Dariusz Jarzabek - stock.adobe.com ; **28 (d3)** Photographee.eu - stock.adobe.com ; **28 (a)** barmalini - stock.adobe.com ; **28 (b)** msk.nina - stock.adobe.com ; **28 (c)** HILTS - stock.adobe.com ; **28 (d)** TeamDaf - stock.adobe.com ; **28 (e)** mates - stock.adobe.com ; **28 (f)** Hyrma - stock.adobe.com ; **28 (g)** thodonal - stock.adobe.com ; **28 (h)** andriigorulko - stock.adobe.com ; **28 (i)** Scanrail - stock.adobe.com ; **28 (j)** yurchello108 - stock.adobe.com ; **29 (hm)** nerthuz - stock.adobe.com ; **29 (hd)** Gilang Prihardono - stock.adobe.com ; **29 (bm)** New Africa - stock.adobe.com ; **29 (bg)** New Africa - stock.adobe.com ; **29 (mg)** Proxima Studio - stock.adobe.com ; **29 (bd)** New Africa - stock.adobe.com ; **29 (hg)** Richard Villalon - stock.adobe.com ; **29 (mm)** Kasoga - stock.adobe.com ; **29 (md)** maodesign - iStockphoto ; **30** koosen - stock.adobe.com ; **30 (hg)** picoStudio - stock.adobe.com ; **30 (hm)** guy - stock.adobe.com ; **30 (hd)** koosen - stock.adobe.com ; **30 (bg)** photosoup - stock.adobe.com ; **30 (bg)** Stephane Audras/Réa ; **30 (mg1)** Luca - stock.adobe.com ; **30 (mg2)** New Africa - stock.adobe.com ; **30 (mm1)** xamtiw - stock.adobe.com ; **30 (mm2)** Mara Zemgaliete - stock.adobe.com ; **30 (md1)** kudosstudio - stock.adobe.com ; **30 (md2)** grey - stock.adobe.com ; **30 (bm)** Les Editions Hatier ; **31 (hg)** JohnnyGreig - iStockphoto ; **31 (bg)** JohnnyGreig - iStockphoto ; **31 (a)** New Africa - stock.adobe.com ; **31 (b)** ksena32 - stock.adobe.com ; **31 (c)** Sergii Moscaliuk - stock.adobe.com ; **31 (d)** yod67 - stock.adobe.com ; **31 (e)** Tiler84 - stock.adobe.com ; **31 (h)** PIXbank - stock.adobe.com ; **31 (f)** PIXbank - stock.adobe.com ; **31 (g)** PIXbank - stock.adobe.com ; **33 (1)** vetkit - stock.adobe.com ; **33 (2)** Dumitru - stock.adobe.com ; **33 (3)** Lydie Lecarpentier/Réa ; **33 (4)** BillionPhotos.com - stock.adobe.com ; **33 (5)** Magdalena - stock.adobe.com ; **33 (6)** Proxima Studio - stock.adobe.com ; **33 (7)** thananya_k - stock.adobe.com ; **33 (8)** Alekss - stock.adobe.com ; **35 (bb2)** illustrez-vous - stock.adobe.com ; **35 (bb1)** pixarno - stock.adobe.com ; **35 (bc2)** baibaz - stock.adobe.com ; **35 (ba)** yurakp - stock.adobe.com ; **35 (hb)** fresnel6 - stock.adobe.com ; **35 (ha)** Eugene Onischenko - Shutterstock ; **35 (hc)** EpicStockMedia - stock.adobe.com ; **35 (bc1)** pixarno - stock.adobe.com ; **42 (1)** NilsZ - stock.adobe.com ; **42 (2)** Dmitry Vereshchagin - stock.adobe.com ; **42 (3)** lindaoqian - stock.adobe.com ; **42 (4)** Ruslan Ivantsov - stock.adobe.com ; **42 (5)** karandaev - stock.adobe.com ; **43 (1)** Mivr - stock.adobe.com ; **43 (2)** lucato - stock.adobe.com ; **43 (3)** nata777_7 - stock.adobe.com ; **43 (4)** Leonid Andronov - stock.adobe.com ; **43 (5)** natara - stock.adobe.com ; **44** incomible - iStockphoto ; **46** incomible - iStockphoto ; **47** ottokalman - iStockphoto ; **49** mariesacha - stock.adobe.com ; **50 (hd)** jihane37 - stock.adobe.com ; **50 (bd)** Luisa Venturoli - stock.adobe.com ; **51 (a)** sumnersgraphicsinc - stock.adobe.com ; **51 (c)** Baillou - stock.adobe.com ; **52** Cobalt - stock.adobe.com ; **54 (a)** milamon0-Fotolia.com ; **54 (b)** Tsiumpa - stock.adobe.com ; **54 (c)** blackday - stock.adobe.com ; **57** Vladimir Melnikov - stock.adobe.com ; **58** Ramona Kaulitzki - stock.adobe.com ; **59** Catherine Clavery - stock.adobe.com ; **61 (md)** paultarasenko - stock.adobe.com ; **61 (mg)** leungchopan - stock.adobe.com ; **61 (hd)** vlorzor - stock.adobe.com ; **61 (hg)** Jörg Lantelme - stock.adobe.com ; **61 (hm)** Phase4Photography - stock.adobe.com ; **62 (bm)** picsfive - stock.adobe.com ; **62 (bm)** goir - stock.adobe.com ; **66 (hd)** Gts - Shutterstock ; **66 (bm)** Senohrabek - stock.adobe.com ; **66 (bd)** Florence Piot - stock.adobe.com ; **66 (bg)** Olivier Rateau - stock.adobe.com ; **75** tamayura39 - stock.adobe.com ; **76** sepy - stock.adobe.com ; **77** Brad Pict - stock.adobe.com ; **79 (a)** Dmitriy Syechin - stock.adobe.com ; **79 (b)** Roman Samokhin - stock.adobe.com ; **79 (c)** Seregam - Shutterstock ; **80 (hm)** rrice - stock.adobe.com ; **80 (a)** romikmk - stock.adobe.com ; **80 (b)** sumnersgraphicsinc - stock.adobe.com ; **80 (c)** Kasia Biel - stock.adobe.com ; **82** incomible - iStockphoto ; **84** incomible - iStockphoto ; **85** aldomurillo - iStockphoto ; **87** mariesacha - stock.adobe.com ; **88** commonthings - stock.adobe.com ; **89** Frederic Legrand - COMEO - Shutterstock ; **92** nenetus - stock.adobe.com ; **93** izusek - iStockphoto ; **93 (hd)** Dreamcreation - Shutterstock ; **93 (bd)** Giuseppe Porzani - stock.adobe.com ; **95 (hd)** M.studio - stock.adobe.com ; **96** Cobalt - stock.adobe.com ; **98 (bg2)** drmonochrome- stock.adobe.com ; **98 (bg1)** xixinxing- stock.adobe.com ; **98 (bg3)** SergiyN- stock.adobe.com ; **100** sissoupitch - stock.adobe.com ; **101** punsayaporn - stock.adobe.com ; **104** incomible - iStockphoto ; **106 (bd)** arsdigital - stock.adobe.com ; **106** incomible - iStockphoto ; **107** luismolinero - stock.adobe.com ; **109** mariesacha - stock.adobe.com ; **110 (mg)** grafikplusfoto - stock.adobe.com ; **110 (hg)** iodrakon - stock.adobe.com ; **110 (bg)** asem arab - stock.adobe.com ; **115 (a)** liliya kulianionak - stock.adobe.com ; **115 (b)** goodluz - stock.adobe.com ; **115 (c)** Tsiumpa - stock.adobe.com ; **115 (d)** littleny - stock.adobe.com ; **115 (e)** digitalskillet1 - stock.adobe.com ; **115 (f)** ALF photo-Fotolia.com ; **115 (g)** Y. L. Photographies - stock.adobe.com ; **115 (h)** milamon0 - stock.adobe.com ; **116** Philipimage - stock.adobe.com ; **118 (bd)** Samuel Borges - stock.adobe.com ; **119 (md)** travelview - Shutterstock ; **119 (hg)** leungchopan - stock.adobe.com ; **120** Werner Fellner - stock.adobe.com ; **120** Elnur - stock.adobe.com ; **120** maxkateUSA - stock.adobe.com ; **120** Alexandra Karamyshev - stock.adobe.com ; **121 (bg)** industrieblick - stock.adobe.com ; **121 (bd)** Chones - Shutterstock ; **121 (bd)** janvier - stock.adobe.com ; **122 (hg)** Roman Stetsyk - stock.adobe.com ; **122 (mg)** karras6079 - stock.adobe.com ; **122 (hd)** arsdigital - stock.adobe.com ; **122 (md)** Chones - Shutterstock ; **122 (hd)** Chones - Shutterstock ; **122 (md)** arsdigital - stock.adobe.com ; **122 (hd)** janvier - stock.adobe.com ; **122 (md)** janvier - stock.adobe.com ; **123** picsfive - stock.adobe.com ; **123** goir - stock.adobe.com ; **125** leungchopan - stock.adobe.com ; **128 (b1)** yamix - stock.adobe.com ; **128 (b2)** Markus Mainka - stock.adobe.com ; **128 (b3)** Pictures news - stock.adobe.com ; **128 (b4)** sergio37_120 - stock.adobe.com ; **128 (b5)** blende40 - stock.adobe.com ; **128 (b6)** stevem - stock.adobe.com ; **129 (b1)** Patryssia - stock.adobe.com ; **129 (b2)** Seregam - Shutterstock ; **129 (b3)** yulicon - stock.adobe.com ; **129 (b4)** bruissa - stock.adobe.com ; **129 (b5)** L.Bouvier - stock.adobe.com ; **129 (b6)** helenedevun - stock.adobe.com ; **129 (mg)** leungchopan-Fotolia.com ; **130** incomible - iStockphoto ; **132** incomible - iStockphoto ; **136 (1)** prapann - stock.adobe.com ; **136 (2)** hachut - stock.adobe.com ; **136 (3)** Dionisvera - stock.adobe.com ; **136 (4)** MariaFrancesca - stock.adobe.com ; **136 (5)** New Africa - stock.adobe.com ; **137 (b4)** L.Bouvier - stock.adobe.com ; **137 (bb)** Stocksnapper - stock.adobe.com ; **137 (bc)** Delphotostock - stock.adobe.com ; **140** tamayura39 - stock.adobe.com ; **141 (a)** ALF photo - stock.adobe.com ; **141 (b)** RTimages - stock.adobe.com ; **141 (c)** ALF photo - stock.adobe.com ; **143 (1)** stevem - stock.adobe.com ; **143 (2)** ALF photo - stock.adobe.com ; **143 (3)** akepong - stock.adobe.com ; **143 (4)** ALF photo - stock.adobe.com ; **143 (5)** ALF photo - stock.adobe.com ; **143 (6)** m.u.ozmen - stock.adobe.com ; **171** janvier - stock.adobe.com ; **171** Chones - Shutterstock ; **171** arsdigital - stock.adobe.com